凌曉峰　楊　強 著

Crafting Your Research Future
A Guide to Successful Master's and
Ph. D. Degree in Science & Engineering

學術研究
你的成功之道

內容簡介

　　你有過成為科學家的夢想嗎？想走進科學家的生活一探究竟嗎？想知道科學研究究竟隱藏著怎樣的神秘嗎？剛剛開始學術研究的你，想知道如何發掘好的研究課題及想法嗎？有了課題和想法之後，下一步的研究又該如何展開呢？對於那些發表在頂級期刊和會議的文章，總覺得人家寫得如行雲流水，輪到自己寫文章時縱有思路萬千，卻下筆無神。想知道如何將新的想法和研究結果有條理地組織在一起並撰寫成高品質論文的秘密嗎？如果你是一名年輕的指導老師，角色的突然轉變讓你有些手足無措嗎？那麼，如何高效地指導學生，讓他們快速在研究領域找到自己的立足點呢？對於這一連串的問號，你將會在本書中找到答案。本書的兩位作者根據自己多年的研究經驗，與讀者分享研究生活的苦與樂。書中引用了大量生動而具體的實例，不僅希望帶給讀者一次輕鬆愉悅的閱讀體驗，還希望能夠加深讀者對研究的認識和理解，能夠引領讀者踏上科學研究的成功之道。

序　言

　　凌曉峰教授和楊強教授合寫了一本非常有意義的書。這本書告訴年輕人，主要是研究生，特別是博士生，應該怎樣做研究。書寫得很精彩，從研究工作的意義，怎樣選題，怎樣展開研究，怎樣寫論文，怎樣投稿，怎樣撰寫學位論文，怎樣答辯，直至拿到學位以後怎樣繼續研究生涯，都有詳細的論述，包括很多生動的例子，其中大多還是作者親身經歷的例子。書寫得親切而有說服力，很耐讀。我本人一邊讀，一邊就覺得層層收穫撲面而來。說是寫序，其實是與讀者分享我學習本書的一些體會。

　　掌握研究方法是一切做學問者的大事。想一想我們每個人的成長之路，從踏進小學門檻到戴上博士帽，每個人都經歷了幾個階段。每個階段都有其特點，每個階段到下一階段的轉換都是一種角色的轉換，都可能是一個痛苦的過程。如果不能適應新階段的特點，就會落伍。小學畢業轉入中學，你會發現學習的課程從 2～3 門驟漲至 7～8 門。此時小學的「照單全收」方式就行不通了，你必須學會「彈鋼琴」，協調各門課程的學習時間和重點，才能避免顧此失彼。中學畢業轉入大學，你會發現「由老師安排」的學習方式也行不通了。老師不會把該學的都教給你。老師只挑重點的講，其餘的就要靠你自己去閱讀、分析和鑽研了。沒有自學能力就過不了大學這一關。大學畢業轉入研究生，特別是博士生，你又會發現「學習好不等於

會做研究」。在這個階段，創造力是關鍵。大學時，門門功課考一百分並不意味著你一定會在創造力方面有好的表現。滾滾長江東逝去，浪淘盡無數英雄人物。在從小學生到博士的人生道路上佈滿荊棘。在小學是優秀的，到中學不一定優秀；在中學是優秀的，到大學不一定優秀，做研究生更不一定優秀。每一次階段轉換都會有許多人因不適應而被淘汰。讀這本書的你很可能是一個幸運者，你已經進入了正規學歷的最後階段——研究生 (博士生) 階段。行百里者半九十。你可不要在最後衝刺階段被淘汰啊。

　　本書作者特意考證了 professional 這個詞，用以刻畫什麼樣的人可以成為研究者 (在本書的特指意義下是研究生)。該詞「描述這樣的職業，即要求新成員進行宣誓，聲明他們要致力於與職業相關的理想和業務活動。所謂研究者，便是以『研究』為職業生涯，也被人稱為學者」。這使我想到了研究生的社會責任。一個人步入研究生階段，並不意味著他將來一定要終身從事科研事業。他可以從政、從商、從軍、從教、從工、從農，做哪一行都行。我們的社會繁榮了，每一行都需要具有豐富學識的高智商人才。但是有一點，在研究生期間，他一定要認真學習、努力鑽研、心無旁騖，培養起比較強的獨立科研工作能力。這種能力是在任何行業都能發揮作用的。以為只有將來做科學家的研究生才需要寫好畢業論文，這是一種誤解。從更一般的觀點看，研究生做研究，就像工人務工、農民務農、軍人衛國一樣，是自己的本職工作，是自己立了誓要做好的。我希望每位閱讀本書的研究生都能記住：千萬不能忘記自己的誓言。這個誓言無須舉手，無須朗讀，入 (研究生) 之門時就已成立，而不管你是否承認。

本書作者認為做好研究的關鍵一步就是選好課題。在這一方面，我非常欣賞凌、楊兩位教授提出的棋盤方法。這個方法的要點就是尋找可能的創新點和突破口，該方法非常實用並且行之有效。創新是科研工作的核心和靈魂。尋找創新點就是尋找以前沒有人做過，或可能沒有人做過的，有成為突破點可能的新理論、新技術。

　　平時我聽到這樣的話就很難受：「這個問題還沒有人研究過，我能做嗎？」「這個方法還沒有人用過，能行得通嗎？」一般我的回答是：「如果別人都做了，還要你來做什麼？」一位湖南老師告訴我說，湖南人的特點之一是敢為天下先。這就是魯迅先生曾經提倡過「第一個吃螃蟹」的精神。科學界的老前輩們正是這樣做的，建議我們年輕的研究生都來學習這種精神。

　　當然，我的上述說法在某種意義上也會有偏頗之處。可以這樣質疑：「別人研究過的問題，我就不能進一步研究嗎？」「別人提供了方法，我就不能改進嗎？」回答是：「都可以。」太多的人已經或正在用模仿前人工作的方法作出成果，發表文章，其中還有許多是很優秀的。但是，正如凌、楊兩位教授所說，這樣的工作往往不是好工作。作者明確指出：「在做研究的過程中，我們要儘量避免明顯的推導式擴展，因為這往往只帶來微小的提升，卻也偏離於我們提出的創新性思考。」「找到一個新的問題去解決它，比找到一個較小的，對已有解決方案的改動，要好得多。」尤其重要的是，最精彩的工作、開創性的工作，很少是依賴模仿前人研究的方式產生的。又是凌、楊兩位教授說得對：「產生新想法，很重要的一點就是要大膽。所謂大膽，我們是指想法完全異於旁人和前

人，從某種程度來說，甚至是否定了他人的工作」，歷史不是這樣告訴我們的嗎？非歐幾何、伽羅華理論、哥德爾定理不就是這樣來的嗎？當然，話還要說回來，我們不是完全否定模仿。就像本書作者強調實驗型研究者重新實現已有的成功系統的重要性。我非常贊成。不要以為前人的工作是可以隨便否定或隨便忽視的。恰恰相反，開創性的工作都是建立在模仿的基礎之上。一般都是先有模仿，後有創新。只不過我們是提倡為了創新而模仿，而不是僅僅為了寫幾篇論文而模仿。

其實，幾乎所有做研究的人都知道創新的重要性，問題只是知不知道如何去創新，有沒有能力去做大的創新，以及是否願意把精力和時間花在創新上 (寫一篇高品質的論文所花的時間和精力可以用於生產多篇一般水準的論文)。本書強調創新，這非常正常。它主要告訴讀者的是關於如何創新的經驗之談。使我更為耳目一新的倒是本書強調的另一方面：影響力。恐怕很多談論如何做研究的作者都會忽視這個問題。這個問題太重要了，而且是帶根本性的問題。如果研究成果沒有影響力，豈不是只能孤芳自賞了嗎？作者完全正確地提出了影響力的定義：「一項有重大影響力的研究工作將會對社會，對人們的生活帶來好處。」但是現今社會上往往可以看到另一種標準。不少人認為，影響力主要體現在文章的發表上。發表文章的刊物水準越高，會議層級越高，影響因素越大，那麼就說明文章的影響力越大。我們不妨對社會上的這種觀點略加評論。實際上，即使是按照這種標準，影響力也有很多種，有一時的影響力，有一世的影響力，還有一個時代的影響力，看你要的是哪一種。如果你是為了生存而做研究 (這沒有什麼不好)，比如，為了在一個新單位站住腳，為了不因多年沒有成果而被單

位淘汰，為了獲得最基本的職稱提升等等，那麼只要一時的影響力就夠了。發表一般水準的論文可以產生一時的影響力，這並不丟人，一般水準論文不等於垃圾論文，自有它的作用；如果你是為了要成為知識界的菁英而做研究，那麼你一定會為一世的影響力而奮鬥，於是頂級雜誌、高引用率、高影響因素、國家級獎勵等等，一樣也不能少，而且多多益善，高高益善；但如果你認為應該像科學界大師級人物那樣地對待科學研究，那麼你心中憧憬的一定是一整個時代的影響力。這個時候，什麼頂級雜誌，什麼引用率、影響因素、高層級獎勵等都已成為你的身外之物，因為你的價值不是靠這些指標來衡量，而是靠你的論文中所含成果的長遠價值來衡量。

　　翻看歷史，大師們也不是靠在頂級刊物上發表論文而成名的。在不少情況下恰恰相反。不久之前，佩雷爾曼解決龐卡雷猜想的論文僅僅是發到網上的一篇稿子。Petri 網的創始人佩特里的很多重要思想根本沒有正式出版，而是發表於本單位的技術報告中。伽羅華理論最早是以手稿形式「發表」的，連技術報告都不是。物理學家費曼首創量子計算機思想的文章發表在一個非常普通的刊物上。而錢學森先生的老師馮・卡門關於控制論的開創性論文竟然被一家 (頂級刊物？) 所拒，只能改投普通刊物，才勉強得以發表。而且，並不是每個大師都會像費曼或馮・卡門那樣幸運。下決心學習大師的人們要做好終身被冷落的心理準備。但是他的創新思想不會永遠被埋沒。是金子總會發光的 (可見，歸根結柢還是要用本書作者提供的標準來衡量)。

　　凌、楊兩位教授介紹了選擇好題目的四個格雷準則，它們是：有明顯益處、描述簡單、還不具有明確的解法，以及問題

的可拆解性。作者並且補充了第五個準則：要確保研究中資料獲取的可靠性以及足夠的數量。這些準則都是非常重要的，都是研究生應當認真對待的金玉良言。讀到這些論述，不禁使我想起老一輩數學大師華羅庚先生的名言：如果你要證明一個複雜的公式對所有的正整數 k 都成立，你最好不要企圖一下子就去證明它。而是先檢驗它對於 $k = 1, 2, 3$ 時是否成立。檢驗通過了，再去證明此公式對一般的 k 都成立。我覺得華先生的忠告也可以看成對格雷準則的有益補充。在選擇一個科研題目時，不妨優先考慮那些在簡單情況下已經有解，而在複雜情況下尚未解決的課題。事實上，我們在電腦科學方面經常遇到類似的情況。如果你設計了一個新的算法，或甚至是一種新的複雜技術，在你動手編程序之前，最好自己先在紙上算一算。我一直持這種觀點：人要電腦做的事，人自己首先要 (用紙和筆) 做一遍。當然，人不能完全像計算機一樣一下子就做一個幾千遍的循環。但是用簡單的資料去循環個 1、2、3 次總可以吧。這本質上就是華老教導的 $k = 1, 2, 3$ 精神。

　　凌、楊兩位教授關於鎚子和釘子的論述也非常精彩。的確，每個成功地從事科學研究的人一般都有自己的鎚子。在這裡我又想起華老。他一生在三大領域作出了重要的貢獻：數論、代數和多元複變函數論。每個領域他都有自己的品牌。他的鎚子不止一把，其中之一就是矩陣理論。中國人俗話說：「一招鮮，吃遍天。」說的也是要有自己的鎚子。每個年輕的讀者可以問一問自己：你有了自己的鎚子了嗎？接著還可以問：比起使同樣鎚子的人來，你能使得比別人更出色嗎？這就是所謂：「戲法人人會變，各有巧妙不同。」全世界每年都生產大批研究生論文，有許多都是沿襲前人的鎚子和釘子，往往

是把鎚子磨練一下、打造一下，然而拿出資料來證明經過磨練和打造的鎚子可以敲打更粗的釘子，而不是拿著釘子去找鎚子，或者拿著鎚子去找釘子。其實，我們在這方面還可以有更開闊的心胸和視野。兩位作者已經指出：「學術研究是利用出現的空格子尋找新的研究問題，或者新的解決方法。」可見鎚子和釘子的思路是廣義的。不一定僅僅因為鎚子缺少足夠的用武之地而去尋找可供敲打的釘子，也不一定僅僅因為有些釘子太過死硬而去尋找能夠制服它的鎚子。每列一鎚、每行一釘的棋盤也可以換成行、列皆鎚的方法棋盤 (工具棋盤) 或行、列皆釘的問題棋盤 (對象棋盤)。兩個以上的鎚子結合起來可以形成「多功能鎚子」，就像美國的「聯合攻擊彈藥」，可以攻擊和消滅頑固的目標。兩個以上的釘子結合起來可以形成複雜難解的「老大難問題」，就像一個人生病的併發症，需要多種治療手段的配合。用「多功能鎚子」去求戰「大問題」，或者是用「大問題」去鍛造「多功能鎚子」，這種填棋盤空格的方式使得任務變得更困難了，但成果也可能會更有意義了。

　　本書內容非常豐富，這裡說的只是自己的一點點學習體會。還有許多精彩的地方我就不能一一推薦了。但願此書的出版能夠幫助我國廣大的研究志願者們更快地進入科學研究的殿堂，更好地駕馭科學研究的藝術，為科學事業作出更大的貢獻。

陸汝鈴
2012 年 7 月 30 日於北京

致　　謝

　　首先，我們要感謝那些數以千計曾參加過我們研討會和講座的同學和研究者！感謝他們在每一次關於如何做研究、如何撰寫高品質論文的研討會上的熱情參與和提問，是他們給了我們寫這本書的莫大動力。這是事實，因為交織成這些文字離不開他們給予的鼓舞。他們的每一次提問、每一條建議都轉化成了這本書的篇篇章節、層層段落，他們孕育了這本書的生命。對於手捧此書的讀者朋友，我們也要謝謝你！真心希望能以我們的綿薄之力，激勵更多的年輕學者朝著成功的研究事業大步邁進。

凌曉峰教授：此書獻給我親愛的父母凌宗雲和曹汝倩。他們是受人尊敬和愛戴的中學老師。他們熱愛自己的事業，在各自的崗位上結出了纍纍碩果。他們給予的啟發和指導照亮了我前行的路，築就了我科研的夢。我將自己 20 多年的科研經驗總結於本書，分享給讀者。從某種意義上說，這些科研經驗都是父母對我的愛護、關懷和教育的結果。本書部分內容寫於 2011 年父親生病住院期間的病榻前，親愛的父親，這本書獻給您！

楊強教授：此書獻給我深愛的父母楊海壽教授和李秀英教授。我的父親曾是北京大學的一名教授，母親曾是清華大學的一名教授。他們將所有的時間和精力都獻給了自己的事業，直到退

休。是父母鼓勵我走上科研道路，使我的足跡從天體物理學邁向資訊科學。父親曾說過這樣一句話：「學術研究就像是一座花園，那裡開滿了鮮豔的花朵，等待著你隨意地去採摘。」父母為我樹立了模範的研究榜樣。我將最深的愛和感激獻給他們！

　　感謝很多同事、朋友和學生對此書提出的寶貴意見。深深感謝我們的中文編輯 Skye，將我們的英文版圖書翻譯成第一版中文版以及所作的深入仔細的修改和編譯。感謝 Brian Srivastava 在本書初稿中所給予的非常有價值的意見和評語。感謝 Luiz Fernando Capretz、Jimmy Huang、劉歡、Aijun An、Steve Barrett、范偉、Butler、Randy Goebel、Eileen Ni、陳思哲、鄺達、Ivy Ling 等，你們的意見使得本書的內容更加豐富。感謝 Adrian Owen、Stephen Sims、C. B. Dean 和 Jiawei Han，謝謝你們的鼓勵。還要感謝我們很多已畢業的博士生，尤其是 Victor Sheng 和陳偉柱，由衷地感謝其寶貴建議！

寫在前面

在每個人的記憶中一定都有這樣的場景,大人摸著我們的頭問:「長大後想做什麼啊?」我們回答說:「想當一名科學家!」還記得嗎?這是我們對理想的最初記憶。是的,科學家在我們心中高大而神聖,賦予了我們追逐理想的勇氣。從牛頓到愛因斯坦,再到諾貝爾獎得主,比如理查德・費曼 (Richard Feynman)。然而,當我們長大後真正踏上「成為科學家」這條道路後,才發現這並非是一條筆直向前的路,而是一路充滿了分岔口,需要我們不斷作出各種嘗試。雖然有時會失敗,但我們應該堅信下一次的成功。現在,從網路上或者書店裡也能找到很多標榜著「教你成為出色的研究者和科學家」的文章和書籍,究其內容,大都是有些很零散、有些很空洞,有些甚至存在偏見。到目前為止,尚未有一本專門寫給年輕學者、指導他們如何做研究的書。其實,年輕學者所處的階段恰恰是邁向研究者之路的第一步,也是最重要的一步。我們兩位作者希望讀者經由閱讀本書,能對做研究有新的理解和認識,能在研究的道路上少走些彎路。

上述正是我們著述《科技研究的成功之道》一書的初衷。我們願和致力於科學工程領域的研究者分享自己 20 多年親身經歷的研究經驗和體會。

如果你還是一個孩子,還在苦苦思索以下兩個問題:

「什麼樣的人可稱為研究者或科學家？」

「我怎樣才能成為一名研究者或科學家？」

我們推薦你閱讀第 1 章和第 8 章 8.1 節的內容。

如果你是一名大學本科生，還在為以下兩個問題困惑：

「我應該申請碩士或者博士嗎？」

「研究生應該達到什麼樣的期望值？」

那麼第 1 章到第 3 章最適合你仔細研讀。

如果你是一名研究生，我們希望能針對以下幾個問題給你答案：

「如何找到適合自己的指導老師？」

「如何為研究和畢業論文選擇一個合適的課題？」

「如何撰寫並發表高水準的研究文章？如何選擇文章發表的會議或者期刊？」

「文章的作者該如何排序？」

「SCI 或其他檢索的期刊都一樣好嗎？」

「如何撰寫論文並進行論文答辯？」

「獲得博士學位之後，我如何找到自己的立足點，成為一名研究者？」

這些問題，請在第 1 章至第 8 章中尋找答案。除此之外，如果你還有其他問題，歡迎聯繫我們，我們將儘可能地為你解答。同時我們也會非常感謝你，因為你的參與，將使本書內容更加豐富。

如果你剛剛成為一名指導老師，剛剛開始研究事業，下面的問題應該是你亟待解決的：

「如何指導自己的研究生？」
「如何申請研究經費 (research grant)？」
「如何才能建立起成功的研究事業？」
「如何把手中的技術轉移到實際應用當中去？」

有關答案請見第 5 章 5.6 節和第 8 章。此外，我們也推薦你閱讀其他章節，會由此獲得如何做研究、如何指導學生的資訊。如果你有任何經驗想與我們分享，或是有什麼建議，請聯繫我們。

科學和工程領域涉及的範圍極廣，所以要滿足研究新手到資深研究者這個廣泛的讀者群體的需要，確實不容易。 我們力圖用淺顯易懂的語言來解答上述問題。與此同時，為了讓讀者清楚地瞭解如何進行研究，本書提供了非常詳細的講解。為了使抽象的答案變得生動而具體，我們還設計了大量實例和圖表，幫助讀者閱讀和理解。這也是本書的一大特色。

10 多年來，我們名為「如何做研究，如何撰寫發表論文」的講座遍及全球 50 多所大學以及一些研究機構，該講座所到之處都異常熱烈，到場人數一直呈現勢不可當的趨勢，數以百計的學生和教員擠滿了演講大廳，提問環節超時是經常發生的事。我們很珍惜每次參加研討會的機會，因為在參與的過程中，我們也在不斷地提高自己。從某種意義上講，這本書彙集了相關的點點滴滴，是呈遞給讀者的一份完整總結。

以下是本書的內容框架。

- 第 1 章闡述了本書主旨，研究的本質及成為研究者的基本要素。
- 第 2 章討論了研究的終極目標和從事研究事業的必備條件。
- 第 3 章討論著如何選擇合適的指導老師，如何閱讀文獻和如何產生研究新點子進行討論，並提出了在任何研究中都普遍適用的「三步式」原則。
- 第 4 章總結了如何評估研究課題的潛在價值，希望藉此能夠幫助讀者為自己選取一個具有高影響力的研究課題，也希望能夠成為讀者做研究的參考。本章還詳細探討了實驗型研究、理論型研究和跨學科研究等不同的研究方法。
- 第 5 章總結了如何才能寫得一手漂亮文章，並發表於頂級學術會議和期刊。同時，還揭秘了審稿人在審閱文章時的一些想法，以及應對審稿人審評意見的技巧。
- 第 6 章檢視了撰寫論文時易犯的錯誤，並向讀者提供了很多有效的改正技巧。
- 第 7 章討論如何計劃、組織並撰寫博士論文，如何進行博士論文答辯。我們提出了「自上而下」和「自下而上」兩種典型的方法。
- 第 8 章向讀者描繪了拿到博士學位之後的大學教授工作和生活，幫助年輕讀者全面瞭解所憧憬的科學家的一生。在這一章中還討論了技術轉讓等重要話題。

我們兩位作者任職於大學教授均已超過 20 年，指導過許多碩士和博士研究生。經我們指導的已畢業博士生中，有些現

在就職於美國、加拿大、中國和其他國家的大學；有些在科研院所和一些大公司的研究部門工作，比如谷歌、Facebook、百度、微軟、雅虎、IBM 等；有些則正在成功營運著自己的創業公司。

我們在幫助學生確立畢業論文課題、指導學生做研究、發表高品質的論文等方面付出了很多心血。到目前為止，我們和學生已發表了 300 多篇期刊和會議文章。我們一直擔任著幾個重要學術期刊的主編等工作，如 IEEE[1] Transactions on Knowledge and Data Engineering (TKDE) 和ACM[2] Transactions on Intelligent Systems and Technology (TIST)。

本書的第一版(英文版)於 2012 年 5 月由美國的 Morgan & Claypool Publishers 出版。之後，我們在把英文版翻譯成中文的同時，特別注意到了中國學生和學者所關注的一些問題，進而對各個章節都做了補充。此外，我們還增加了一些新的內容(在目錄中以 * 號標示)：

- 5.10 節：作者的選擇和排序
- 5.11 節：關於 SCI、EI 檢索
- 6.8 節：中國學者在論文的英文寫作方面易犯的錯誤

關於本書作者更加詳細的介紹，請見本書結尾部分。

---

[1] IEEE: Institute of Electrical and Electronics Eangineers
[2] ACM: The Association for Computing Machinery

目　次

第 1 章　研究的本質 ································· 1

　1.1　什麼是研究？ ································· 1
　1.2　研究者還是非研究者 ························· 3
　1.3　研究者的生活 ································· 5
　1.4　研究者應具有的最重要的技能和能力 ······· 9
　1.5　以研究為生涯的利與弊 ····················· 13
　1.6　如何成為研究者？ ··························· 16
　1.7　碩士論文與博士論文的區別 ················ 16
　1.8　如何找到適合自己的指導老師？ ··········· 18
　1.9　拿到博士學位需要多久？ ··················· 21
　1.10　三類具有代表性的研究生 ·················· 22

第 2 章　博士生的終極目標 ······················· 25

　2.1　第一目標：成為最好 ························ 25
　2.2　第二目標：成為獨立的研究者 ·············· 34
　2.3　通往博士(碩士)學位的三個要素 ············ 36
　2.4　通往博士帽的幾個關鍵階段 ················ 37
　2.5　目標之外的那些事 ··························· 40

xvii

第 3 章　邁出第一步：挖掘新想法，制定總規劃 43

- 3.1　頭一年 44
- 3.2　文獻檢索 46
- 3.3　如何閱讀學術論文？ 49
- 3.4　發掘新想法 56
- 3.5　從想法到畢業論文課題 60
- 3.6　我的博士研究方向正確嗎？ 62
- 3.7　儘早制定畢業論文的藍圖 63
- 3.8　論文有條，想法有序 66

第 4 章　嚴謹做研究 67

- 4.1　研究過程概覽 67
- 4.2　格雷準則 (Gray's criteria) 71
- 4.3　棋盤法 (The Matrix Method) 81
- 4.4　展開研究 86
- 4.5　建立個人品牌 93
- 4.6　實驗型研究和理論型研究 97
- 4.7　團隊協作，跨學科研究 105

第 5 章　撰寫與發表論文 109

- 5.1　要嘛出版，要嘛出局 (Publish or Perish) 110
- 5.2　發表高品質的論文有那麼難嗎？ 113
- 5.3　優秀的論文怎麼定義？ 115
- 5.4　學術論文寫作的基本常識 117

5.5　你、指導老師和文稿校對者 ·················· 121

5.6　寫給指導老師們：如何高效地提高學生的寫作能力？ ···························· 123

5.7　是投會議還是投期刊？ ·························· 128

5.8　會議是如何評審論文的？ ······················ 130

5.9　期刊是如何評審論文的？ ······················ 135

*5.10　作者的選擇和排序 ································ 139

*5.11　關於 SCI、EI 檢索 ································ 141

第 6 章　論文寫作中的盲點和技巧 ·················· 143

6.1　盲點一：「我的論文明顯很棒啊！」 ······· 144

6.2　盲點二：「讀懂我的論文是你 (審稿人) 的責任」 ·· 148

6.3　10/30 檢測法 ··· 149

6.4　自上而下的寫作方法 ····························· 151

6.5　創建有層次的文章結構，選擇合適的結構標題 ·· 160

6.6　論文寫作技巧 ··· 161

6.7　其他盲點和錯誤 ····································· 174

*6.8　中國學者在論文的英文寫作方面易犯的錯誤 ·· 176

6.9　總結 ·· 183

第 7 章　撰寫畢業論文與論文答辯 ·········187
　　7.1　論點和博士論文 ·········188
　　7.2　自上而下還是自下而上？ ·········190
　　7.3　論文答辯 ·········195

第 8 章　博士之後，路在何方？ ·········201
　　8.1　某大學教授的一天 ·········202
　　8.2　申請研究經費 ·········208
　　8.3　技術轉讓 ·········217
　　8.4　結束語 ·········224

第 1 章

研究的本質

興趣是研究的動力,創新是研究的核心,影響力是研究的成績單,這三者相輔相成,相得益彰,是研究的本質。

將研究以文字的形式表達出來也是一種研究,這是我們兩位作者在本書的寫作過程中覺察到的。將一件複雜的事物用文字表達出來,尤其是自己熟悉的事物,絕非易事。本章將探討一些常被問及的基本話題,例如,研究的本質 (basics of research) 是什麼?想走進研究者或者科學家的生活並揭開研究的神秘面紗嗎?還在考慮自己究竟是不是做研究的這塊料嗎?或者,你剛剛踏入研究領域,感到焦慮害怕且毫無頭緒,請耐心讀完這一章,我們相信對這些問題的答案,你將瞭然於心。

1.1 什麼是研究?

在自然科學和工程領域,「研究」(research) 廣義上可以理解為,經過可重複性的觀察和可驗證性的結果,能夠對人類認識世界作出獨創性且具有影響力的貢獻。在自然科學領域,研究強調發現新知識,比如新理論、新範例、新方法、新算法、新的仿真技術、新的實驗設計等。在工程領域,研究則強調使用新技術、新設計、新過程、新方法、新模型、新的測試手段等解決新的實際問題。雖然研究在這兩個領域強調的重點有所不同,但有一點是相同的,那就是必須具備創新性和影響

1

力這兩個條件，這也是研究的本質所在。

很多詞語，比如「新穎」、「全新」、「原創」、「獨創」、「非傳統意義」、「革新」和「開創性」等都是在表達著同一個意思，即「創新性」，而創新性就是以前不為人所知，尚未為人所用。從學術研究的角度講，如果一篇文章被任何一個這種詞彙所描述，就表示該文章的研究以前並未發表於任何學術期刊和會議，也未見於書籍、技術報告或者其他媒介，它乃開山之作。創新性的工作也必須具備影響力。一項有重大影響力的研究工作將會為社會和人們的生活帶來好處。創新性和影響力這兩個基本要素組合在一起才能構成研究，缺一不可。

如何評判創新性和影響力呢？很明顯，同樣的研究問題，無論以何種形式，只要已經有人發表過的話，那麼這項研究工作就要跟「創新性」說永別了。如果所做研究只是在已有工作基礎上的簡單推導或改進，其創新性也會大打折扣。所謂影響力或重要性就更難評斷了。

如果一項研究為以後的工作奠定了基礎，開闢了一個新方向，這項工作可以冠為非常重要、影響力極大；如果發現了新範例，提出了新算法、新方法，可以解決大範圍的新問題，也可以說這項工作很重要，影響力很大；如果一項研究在解決一些重要問題的能力上，較現有方法有很大優勢，我們就說這項研究具有足夠的影響力。儘管在白紙黑字間遊走了這麼久，對「影響力」的理解是否還有些模糊？沒有關係，俗話說：「時間是衡量一切的標準」。的確是這樣，一項研究工作的影響力同樣需要時間來沉澱：很多會議和期刊專門設有「10 年重要

論文獎」。評價研究工作的影響力，一種非正式的方法是看有多少研究者以此項工作為基礎構建其研究，在未來 5 到 10 年甚至更長遠的時間內，有多少論文引用了這項工作。也正因為如此，資深研究者會被邀請參與審閱並評價所提交文章的工作的影響力。

第 3 章到第 6 章會詳細講述做研究的整個過程。

1.2 研究者還是非研究者

我們現在所謂的「職業生涯」(professional career) 早在兩千多年前就已經存在了。「專業的」(professional) 一詞源於拉丁語「professionem」，意思是說進行公開的聲明。這一詞語後來演變為描述這樣的職業，即要求新成員進行宣誓，聲明其要致力於職業相關的理想和業務活動。所謂研究者，即以「研究」為職業生涯，人稱學者。這本書主要面向那些「準研究者」的讀者，特別是自然科學和工程領域的博士研究生。如果你是一名碩士研究生，做研究可能不是日常生活中的主要任務，但我們也推薦你閱讀此書，相信這有助於你投遞文章及撰寫畢業論文。如果你是一名研究新手，比如大學裡的年輕指導老師，希望本書會對你的早期研究生涯提供幫助。

現在，職業生涯已經成為一個具有特定內涵的概念。在科學領域，尤其是自然科學領域，研究者又稱為科學家；在數學領域，稱為數學家；在電腦領域，稱為電腦科學家；在生物領域，稱為生物學家等等。大多數研究者任職於大學、科研院所，以及一些公司的研究部門。

一說到研究者和科學家，恐怕很多人的腦海中會立刻浮現

出如此典型形象：厚厚的眼鏡，灰白的頭髮或者乾脆禿頂，破舊的衣衫，一副永遠在思考的表情，言語晦澀難懂，不易接近。反正就是一副「年紀很大的書呆子」模樣。讀者朋友，是這樣的嗎？真希望得到的答案是否定的。暫且不去追溯那種典型形象源於哪朝哪代，在這裡，我們只想鄭重其事地告訴大家，實際生活中，大多數研究者和科學家風趣幽默，興趣愛好廣泛，多才多藝。舉個例子說吧，理查德・費曼 (Richard Feynman) 是一位物理學家，諾貝爾獎獲得者。他會打鼓，會畫畫，也喜歡到酒吧一邊喝酒一邊做學問。他拍攝電影，環遊世界，出版過很多科學書籍，還偷偷破解裝有絕密文件的保險箱密碼等等。是不是很不可思議？我們強烈推薦讀者閱讀他的著作中一本很傳奇的書《別鬧了，費曼先生》 (*Surely You're Joking, Mr. Feynman!*)，此書由諾頓出版公司出版 (New York: W. W. Norton Company)。就我們所知，大多數研究者和科學家，包括我們兩位作者在內，都擁有著跟世人一樣多姿多彩的生活。

　　現在藉由例子來說明幾類典型的非研究者。銷售人員是專業人員，但並不屬於研究者範疇。他們在工作中遵循一定的工作流程，類似於工廠工人或銀行會計師，創新並不是其職業。所以，銷售人員不能算是研究者。在學校裡，以上課為主的教師或者講師通常也不能稱為研究者，除非他們為教學開發研製了新技術。解決現實問題的人，比如工程師，如果在工作中作出有創新性且具有較大影響力的貢獻，則可稱為研究者。醫生或牙醫屬於專業人士，除非他們進行新藥物和新的治療方法的研究，否則不能納入研究者行列。

生活像一張音樂專輯，我們都以「主打歌」為生，同樣也會收錄許多其他歌曲。對於研究者，比如說大學教授，除了「研究」這支主打歌外，其他日常工作，如教學、管理研究經費等便構成了生活的非主打歌曲。於非研究者而言，研究可能不會成為主打歌，但有時他們也會做一些研究。

1.3 研究者的生活

研究者的主要任務當然是研究。我們可以將其日常工作任務總結歸納為以下 11 項，第 8 章會以更加生動的方式描述研究者的普通一天。

任務 1：探索和構思新的想法 (確保研究的創新性)。要確保想法的創新性，研究者必須瞭解相關研究領域的最新發展，並要為此做大量文獻檢索工作。第 3 章詳細討論這一內容。

任務 2：將新想法付諸實驗，檢驗其是否具有可行性。如果要證明想法具有可行性，就要做深入嚴謹的研究工作，對工作進行深入探討 (這也是體現研究的重要性和影響力之所在)。第 4 章將告訴讀者朋友如何嚴謹地做研究。

任務 3：將任務 1、2 中得到的研究結果撰寫成文稿 (manuscripts) 或者論文，提交給學術期刊、會議、圖書出版商或者其他媒介去發表。通常情況下，研究文稿首先要經過同一領域中的其他研究者進行同行評審，以鑑定這項研究工作是否達到了我們前面所說的創新性和影響力的標準，從而決定是否收錄。這些進行同行評審的研究者均是所屬領域中的資深人士。為公平和公正起見，評審者均為匿名。評審過程往往會很殘酷，很多頂級期刊和會議的論文收錄率低至

10%～20%。這就意味著大多數提交的論文都被拒收了。第 5 章和第 6 章將討論如何寫好文稿以提高錄用可能性,同時也會向讀者講述一些關於如何評審論文的細節。

任務 4:評審來自其他研究者的論文和文稿,評價其創新性和影響力,從而決定是否收錄並發表其工作成果。在這一過程中,研究者的身分發生了轉變,從研究者變成了任務 3 中提到的評審者。

任務 5:管理學術期刊的運轉、組織學術會議。尤其在成為比較資深的研究者之後,這類為組織機構服務的事務會逐漸增多。雖然,從長遠看來,這些事務性的工作能夠幫助研究者提高知名度,但這些工作非常耗時,並且一般是出於自願(即沒有額外報酬)。

任務 6:參加學術會議,向大會報告論文,學習最新的研究成果,與其他研究者進行討論,交換想法。資深研究者會被會議邀請做演講,這是跟領域內其他研究者很重要的「社交」(networking) 機會。對於參加學術會議,我們希望讀者朋友不要放過每一次機會,要多跟活躍的研究者交談,如果能碰到研究中的知己,那麼用「聽君一席話,勝讀十年書」來形容你的收穫,一點都不誇張。

任務 7:向政府和其他機構申請研究經費,用來支持科研工作的開展和研究生的培養。大部分研究工作是基礎性研究,這意味著短時間內沒有金錢回報,因此通常政府和其他機構會投資科研工作,這也是研究工作的主要經費來源。申請經費是一個充滿相當激烈競爭的過程。如果對這部分內容感興趣,請閱讀第 8 章。

任務 8：指導研究生尤其是博士研究生的研究，以便他們能在不久的將來成為獨立的研究者。我們同時強調兩個重點：一是如何成功地完成碩士和博士生的研究和學習，成功地撰寫畢業論文，通過論文答辯；二是如何成為一位出色的指導老師。

任務 9：教授研究生和本科生課程。想一想，一些日後的研究者可能會誕生在你的課堂上，這是一件多麼值得自豪的事情啊。

任務 10：為所屬院系部門和機構做些行政工作。在大學裡，包括院系，教授往往會擔任很多委員會的職務，因此常常需要花費時間做些事務性的工作，例如寫推薦信等。

任務 11：如前所述，很多研究工作都是基礎性研究，研究結果通常發表於公開性媒介，比如 ACM Digital Library[1]、IEEE *Xplore* Digital Library[2] 等，其他研究者可自由讀取這些刊物，用以服務更深一步的研究。然而，有些研究是面向商業應用的，在這種情況下，研究者可以尋求使用專利或者其他手段來保護自己的知識產權。為此，一些研究者還建立了自己的公司將其研究成果商業化，稱為技術轉讓。關於工業應用和技術轉讓，我們也有很豐富的經驗與讀者分享，如果你對這一話題感興趣的話，請閱讀第 8 章。

　　許多研究者的身分是大學教授。在研究型大學，職稱級別依次為助理教授、副教授和正教授。通常情況下，教授的主要工作集中在上述任務列表中的任務 1、2、3、7、8 和 9 進行。

---

[1] http://dl.acm.org/

[2] http://ieeexplore.ieee.org/Xplore/guesthome.jsp?reload=true

在研究課題和研究方法方面 (任務 1 和任務 2)，大學教授可以自由地選擇最感興趣的課題，前提條件是可以作出創新性和具有影響力的研究成果。經過同行評審，如果獲得收錄許可，他們也可以自由地在刊物上發表學術觀點和成果 (任務 3)。對於任務列表中的任務 5 和任務 11 以及其他任務的參與和執行程度，視研究者的不同而有所不同。

另外，也有很多研究者任職於大公司和其他機構的研究部門。很多公司，比如微軟、谷歌、IBM、通用、杜邦、華為、波音、美國國家衛生研究院 (NIH)、加拿大國家研究委員會等都設有專門的研究部門。這些研究者的主要職責包括：構思新想法，將想法付諸實驗進行驗證，將研究結果撰寫成論文及進行技術轉讓，這些分別對應於我們提到的 11 項任務中的任務 1、2、3 和 11 這 4 項任務。有時，他們的工作也涉及評審論文、管理學術期刊、組織學術會議和指導研究生，即任務 4、5 和 8。實際上，有很多博士研究生會以實習生的身分在公司做研究。在研究課題的選擇方面，他們不如大學教授自由，通常受限於與公司的服務和產品直接相關的研究工作。然而也不盡然，比如在谷歌，有一項稱為創意休閒時間 (innovation time off) 的政策，就允許工程師花 20% 的工作時間做自己想做的事情，而這些事不一定在公司日程上，以此激勵更多更廣泛的創新。這項政策確實激發出了 Gmail、Google 新聞、Orkut、AdSense 等產品的創意。

博士研究生可以稱為「準研究者」，這些人往往是以大學教授為指導老師開展研究工作，其主要工作是任務列表中的任務 1 到任務 3。通常，他們也會和指導老師一起參與其他

任務，包括任務 8。在低年級博士研究生和碩士研究生進行研究的過程中，高年級博士研究生要發揮引導和幫助的作用，這也算是博士研究生額外的「必修課」。經過持續積累，在完成博士學業之後，他們應該有能力利用學到的知識完成列表中的 11 項任務，從而成為一名獨立的研究者。有些學科，比如生物和物理，會為研究者提供博士後獎學金 (post doctoral fellowship)，讓剛剛拿到博士學位的人有一個進入研究角色的緩衝過程，這是一種介於博士研究生和教授之間的工作，通常為期一年到兩年。在做博士後期間，他們會從指導老師那裡學習一些在學生階段沒有機會接觸的事情，特別是研究經費的預算和各種研究團隊的管理方法。

1.4　研究者應具有的最重要的技能和能力

讀者朋友，你是不是和我們兩位作者一樣在孩童時期著迷於那些數學家和物理學家 (比如阿基米德、牛頓、歐拉、高斯和愛因斯坦) 的故事，夢想著有一天也能像他們一樣成為科學家？時間雖然摸不著看不到，但它總有辦法讓人留意它的步伐，輕盈的時候像是一陣微風，沉重的時候會在走過的地方烙上清晰的印記，每個腳印都赫然映照著兩個字：記憶。就像多年後的今日，我們還能清楚地記得當時烙下的那枚理想印記。

在此講一個我們當年在中國的故事。那時我們還都是中學生，時值「文化大革命」剛剛結束，經濟改革剛剛開始。一天，一則關於「哥德巴哈猜想」的新聞出現在各大報紙、電台、雜誌的頭版頭條。報導稱，中國科學家陳景潤攻克了世界著名數學難題「哥德巴哈猜想」中的「1+2」問題，創造了前

所未有的輝煌,他距摘取數論皇冠上的明珠「1+1」只差一步之遙。這則消息舉世震驚,像一記驚雷震醒了每一位中國青年,因為這標示著中國迎來了「現代科學的春天」。

哥德巴哈猜想,1742 年由普魯士人克里斯蒂安‧哥德巴哈提出,可以簡單陳述為:任一大於 2 的偶數,都可表示成兩個質數之和。這個猜想正式出現之後,許多數學家對此做了大量研究工作。在陳景潤之前,已經有數學家可以證明任何一個充分大的偶數可以表示成兩個質數之和,或者一個質數與另一個素因子不超過 6 個的數之和,簡稱「1+6」。陳景潤在他不到 50 平方米的公寓內花了 10 多年時間,用 200 多頁紙證明了「任何一個充分大的偶數都可以表示成一個質數與另一個素因子不超過 2 個的數之和」,簡稱「1+2」,這項研究成果距離「數學中的皇冠 (證明 1+1) 」只有一步之遙。

這則消息帶給本書作者之一凌曉峰很大的鼓舞和啟發。他費盡周折買了幾本數論方面的書 (那時連食物都是稀少性資源,讀者朋友不難想像為買這幾本書究竟費了多大周折,花掉了多少省吃儉用積攢下的零錢),經過幾天的閱讀和學習試圖證明哥德巴哈猜想的「1+1」。他心裡清楚,該項證明應該很困難,但他堅信自己具有這種創造力,必能想到一種新穎獨特且別人想不到的證明方法。一天,他相信這種奇妙的證明方法被他找到了,而且證明過程只需用兩頁紙。於是,他興沖沖地跑到父親面前,把這個偉大的發現告訴了父親。父親叫他冷靜下來,仔細檢查證明的每一步。讀者朋友,後來的結果你們應該能夠猜到吧。

在凌教授的心裡從來沒有放棄過證明這個猜想的念頭。開

始電腦科學的本科學習生涯後，凌教授編寫了一個電腦程式來驗證長整數的哥德巴哈猜想，希望能找到一個反例來推翻這個猜想。這個反例究竟找沒找到呢？這個美好故事的結尾還是留給讀者朋友去猜測吧。

「1+1」這一難題目前還沒有被證明。根據維基百科的詞條，目前利用電腦已經能夠驗證，在 10 的 14 次方的偶數範圍以內，哥德巴哈猜想是成立的。

讀者朋友，你也一定有夢想、有熱情、有好奇心、有創造力吧？我們相信每個人都有！難道就這簡簡單單四個詞語便構成了成為研究者的必要條件？不要著急，請繼續耐心閱讀。就像雲彩，原本不是實物，移動的影子造就了它，眨眼間便流逝了，一經招惹塵埃，便化雨成露，灑在大地上變成了大自然的恩惠。究竟是什麼造就了研究者？我們總結出的幾項重要因素如下：

- **激情、專注、熱情和興趣**　「我別的什麼都不關心，只想著這件事」——只有對研究抱有如此大的興趣和熱情才能日復一日、年復一年專心致志地推進研究的發展。
- **好奇心和創造性**　奇異公司前執行長傑克‧威爾許談到自己追求成功的感想時說：「如果想要弄清楚一件事，我會坐在椅子上，一口氣問上一萬八千個問題。」他在分析自己時說道：「我不具備什麼特別的創造性，只不過發現這種創造性的能力較強而已。」作為研究者，不論在研究工作還是日常生活中，都必須具備一顆好奇心，富有創造性。任何人都能預見到的工作是難有創新性而言的，研究者要把精力投放在前人未曾涉足的世界。

- **批判性和獨立性的思考**　哲學家胡塞爾 (Edmund Husserl) 說過：面對自己不曾遭遇的事物時，應該先停止用過去的價值觀和知識做判斷，而以懷疑的精神與其對峙。研究者必須能從傳統的思考中解放出來，必須帶有批判性和獨立性的精神去思考 (比如，有什麼不合理的地方？如何做到更好？)。
- **冒險精神**　不可能所有的想法都會讓你嘗到成功的甜頭，有時有的想法行不通，有時有的想法已被他人發表。不要因為這些情況而輕言放棄，這些並不可怕，最可怕的是邁不出嘗試的那一步。在科學研究中，真正重要的是，要具備敢於嘗試、敢於冒險的精神。
- **較強的學習能力和分析問題，解決問題的能力**　每一個研究者都不會認為自己的本領是絕對的，他們時刻都在學習新知識和新技術，秉承著活到老、學到老的理念。除此之外，要具備較強的數學基礎和邏輯推理能力，分析問題、解決問題的能力 (這些均可透過後天的學習獲得)，這樣才能分析、實現、檢驗新想法 (嚴謹的研究需要這些能力)。
- **勤奮**　要想使事業成功，必須極為勤奮。正如耐克公司創始人菲爾·奈特 (Phil Knight) 所說的，「即使是想開餐館，如果沒有每天在廚房工作 23 個小時的思想準備，那麼還是放棄為好」。作為研究者必須集中精力，深入思考，能看透新問題的本質。他們每天工作超過 8 小時，每週工作超過 40 小時。他們可能會花費數月甚至數年，方能作出一些突破性的研究。
- **表達和溝通能力**　研究者必須具備良好的表述能力才能把研究成果撰寫成文稿和論文。他們必須是很會「講故事」的

人，能抓住讀者的心：瞭解他們的聽眾 (讀者)，能夠讓別人相信他們的故事 (接收他們的論文)。他們還必須能夠在學術會議上有條理地講述論文中的想法，以令人信服。大學教授通常需要教授課程，因此他們必須是出色的教師，並熱愛教學。

以上所述是研究者應該具備的首要條件，當然還有其他一些重要條件，我們沒有一一枚舉。回到本章開始的第二個問題：自己究竟是不是做研究的這塊料？結合以上條件，對比自己的性格特點和自身優勢，也許你會覺得要求太高。不過不用擔心，大部分要求的能力和技能都能經由後天的學習而獲得，而且無論從何時開始練習都能取得很好的效果。再者說，在我們提到的這些能力中，你可以揚長避短。舉例來說，如果你不太擅長數學，那麼可以選擇偏應用型的研究課題。

1.5 以研究為生涯的利與弊

本節從研究生涯的「利」開始談起吧。以下皆為作者的觀點。

- **較高的事業滿意度** 就工作內容而言，研究者可以完全依照自己的興趣選擇研究方向，這一點，相較於其他職業顯得自由多了。大學教授的工作時間很靈活，和學生一樣享有假期。通常利用假期，他們可以專注於研究工作，參加學術會議，進行一些研究訪問等。當研究者的工作有了新突破、並被同行認可、能夠有益於他人時，會獲得很高的滿足感。
- **受保護的研究環境** 研究者，尤其是大學教授，其職業比較

穩定，而且受到保護。一般其教職與收入不會受到經濟動盪和政治局勢的影響。為了倡導學術自由，讓研究者有足夠的時間創造出高影響力的研究成果，多數大學設有終身聘用制，即使研究者持有與眾不同的學術觀點，或在某一年未能發表足夠數量的論文，學校也不能輕易對其「炒魷魚」。基本上而言，發表少量高影響力的論文要比發表很多沒有影響力的論文好很多。

- **相對來說不錯而穩定的收入** 研究者一般擁有博士學位，起薪會比碩士或者本科學歷的人高很多。除此之外，研究者的薪資相對穩定，不論在某一年內他們對於前述任務列表中第 1 項到第 10 項任務完成的多或者少，都不存在「獎金」或者「罰款」的問題。這應該算是研究者的「利」吧？至少我們是這麼認為的。這一點與銷售人員不同，銷售人員賣掉的產品越多，賺到的錢就越多，而研究者的收入基本是穩定不變的。對於大學教授而言，如果他們同時擔任其他諮詢類或者商業性的工作，也可以有額外收入。

- **受到社會的尊敬** 1999 年《人物誌》評選出了近千年 (從 1000 年到 2000 年) 最具影響力的人物。前 10 位中有 5 位科學家，分別是伽利略 (第 10 名)、哥白尼 (第 9 名)、愛因斯坦 (第 8 名)、達爾文 (第 4 名) 和牛頓 (第 2 名)。這些人受到人們的高度尊敬，他們也是年輕研究者的「終極偶像」。除此之外，從諾貝爾獎獲得者到圖靈獎得主 (電腦學科的最高獎項)，再到約翰‧弗里茨獎章獲得者 (工程領域的最高榮譽)，全都是頒發給研究者的，以獎勵他們為科研事業作出的貢獻。

上述之「利」是否對你很有吸引力呢？下面談談「弊」，這純屬作者的個人觀點。

- 研究者通常每天工作超過 8 小時，每週超過 40 小時，因為不這樣，就很難保證持久的競爭力。面對上述 11 項任務，研究者所承受的工作量相當之大。但是，大部分研究者都是高效人士，都是管理時間的高手。再說研究是一項事業，而不僅僅是謀生的「工作」。研究者往往對研究問題具有強烈的好奇心，很享受做研究的過程。當研究取得突破時，會倍感欣慰。
- 漫長的「熱身時間」。要成為研究者，一般需要擁有學士學位、碩士學位和博士學位。有時，在獲得更穩定的研究職位之前，還要花費幾年時間從事博士後的工作。但是，博士研究生和博士後已然算是半個研究者，或者「準研究者」了，這期間會有相應的收入。所以堅定的信念和執著的精神是研究者最根本的支柱。
- 相對較窄的職業選擇範圍。有時候受制於經費的狀況，大學裡提供的博士後和教授的職位，以及公司中提供給研究者的職位數量有限。另外，近幾十年來，博士研究生的數量不斷增加，因此，教授和研究者的職位競爭變得異常激烈。除此之外，如果博士研究生去應聘碩士研究生或者本科生的工作，未免有些大材小用。不過，經濟狀況常常存在循環週期，有些年，教授的職位會稍微少一些，而有些年教授的職位則相對較多，公司的研究機構也是一樣。對於研究者來說也有很多其他職業選擇，比如選擇創業。在你選擇研究課題時，就要考慮未來的工作打算，比如是當大學教授呢？還是

做公司的研究者？至於如何選擇研究課題，將在第 3 章詳細講述。

1.6　如何成為研究者？

多數研究者的研究事業始於攻讀博士期間。想要成功申請博士學位，需要有相同或者相關領域的碩士或者學士學位。如果你在同一個指導老師指導下修讀碩士和博士，那麼你的整體學習時間可能會比其他由不同的指導老師分別指導各階段學習的同學短一些。

1.7　碩士論文與博士論文的區別

首先想說明一點，很多大學不要求所有的碩士學生都撰寫碩士論文，有些碩士研究生只需達到學分要求便可拿到碩士學位。但是，如果你想嚐嚐做研究的滋味，或者想繼續攻讀博士，那麼就請把「論文選項」設為必選吧。

我們也試圖在碩士論文和博士論文之間找到分界線，以區分二者的不同。但後來發現這條線真的很難找。不過有一點可以非常肯定，篇幅的長短絕對不是區分的依據！有人說最短的博士論文只有 14 頁，最長的有 1000 多頁！不論碩士論文還是博士論文，都要求創新性和影響力，但博士論文的要求會高很多。有時論文審閱人相互之間也會對評審的論文究竟應該屬於哪個類別進行討論和辯論。

我們提出一種比較直接的區分方法：博士論文的工作可以看做多篇學術論文的集合體，當然這些論文的研究主題應該是一致的。這些論文可以發表或者已經發表於頂級期刊或者會

議，而碩士論文的工作僅僅可看做一篇論文，這篇論文能夠發表或者已經發表於具有中等影響力的期刊或者會議。

對於碩士論文和博士論文，我們還總結出以下幾點明顯的不同：

- 碩士論文可以借用現有的方法解決新問題或應用到新領域；博士論文通常要提出創新性的理論、新方法和新應用。
- 碩士論文可以在現有工作的基礎上做些改進或推導；博士論文要在領域內提出嶄新的研究問題，作出更大、更深遠的貢獻。
- 碩士論文可以對許多現有工作進行歸納總結，進行理論或者實驗比較；博士論文必須有新方法，並且要在理論上或者實驗上有實質性的突破，並超過現有的、包括其他權威的研究成果。
- 碩士論文可以報告負面結果，即使這些結果產生於合理的方法。不過這類碩士論文必須對負面結果進行仔細分析 (為何結果不成立，為何與預期相反)；博士論文不能只有負面結果，一般來說，博士論文一定要有創新性的正面結果。
- 拿到碩士學位的學生一般還尚未成為一名獨立的研究者，他們的工作一般不是全職研究；而獲得博士學位的學生應該能夠成為一名獨立的研究者，可以直接應聘大學教授職位。

再一次強調，我們無法像中國象棋一樣，在碩士論文和博士論文之間清清楚楚地畫出一道「楚河漢界」，讓其色分黑紅。二者的區分在不同的領域、學科、大學和國家均有所不同，這就決定了對這兩種論文區別的不同看法。

雖然本書的初衷是針對科學工程領域的博士研究生，但如果你是一名碩士研究生，請不要因此而放下這本書，讓它堆在桌角累積灰塵。因為書中幾乎所有內容對碩士研究生的學習也是非常有幫助的，希望你能夠認真閱讀，領會這些要點。

1.8　如何找到適合自己的指導老師？

不同的院系和大學對於分配研究生的方法有所不同。選擇一位合適的指導老師對於博士階段的學習有著非常重要的影響。指導老師與學生的關係猶如樂隊指揮和團員的關係。樂隊指揮瞭解團員的技能，能夠引導團員達到最佳演出效果。團員理解指揮所描述的樂曲，可以配合指揮演奏出動人的音樂。他們共同的目的是想要在接下來的 3 年到 5 年時間裡「演奏出最佳效果」(在研究中取得創新性和影響力的成果)。雖然選擇指導老師對於碩士生的影響不及博士生那麼大，但是也不能忽略「合拍」這個問題，因為他們至少也要一起合作 1 年到 2 年。如果與指導老師沒有良好的合作關係，則難免出現分歧、矛盾、關係緊張或衝突等情況。要是不想讓這類事情發生在自己身上，希望你能夠提起十二萬分的精神去琢磨研究下述內容。

通常選擇指導老師時，有以下幾點需考慮的因素：

- **研究領域和研究興趣**　選擇指導老師的第一要素是考究你和指導老師的研究領域和研究興趣是否一致。在互聯網時代，教授的個人資料、研究領域和論文發表情況均會清楚地展示在個人主頁上，建議花些時間仔細閱讀你感興趣的老師的研究工作，讀讀他們之前寫過的文章。你也可以直接發郵件給這些老師，提一些關於他們的研究工作的問題，並詢問他們

是否願意做你的指導老師。你應該在申請材料裡註明感興趣的研究方向和指導老師。如果老師同意做你的指導老師，而你又滿足他們學校的基本入學要求的話，那麼你申請博士成功的機率以及被分配給這個指導老師的機率將會大大增加。一些院系把選擇指導老師安排在學生入學一年後進行，這無疑給了你充分的考慮和權衡時間，在這期間你可以選擇不同教授的課程，與其交談，以便更加瞭解這些老師及其研究工作，這對你選擇指導老師有很大的幫助作用。

- **指導理念和風格**　這幾乎是和研究興趣同等重要的一個因素。我們可以將這一因素看成一個二維的座標點，橫軸代表指導老師給予的壓力，縱軸代表指導老師的引導程度。有些教授對學生的要求非常嚴格，如果你是那種在壓力中爆發的人，這種教授當然是你的不二選擇。相反地，有些教授會給學生很大的自由，如果你不希望有過多的束縛，願意按照自己的節奏前行，那麼選擇這類教授就更合適。就縱軸而言，有些教授會給予學生很多指導，比如研究問題的選擇，如何寫論文；而有些教授更願意讓學生自己做決定，這種情況下你需要自己斟酌很多事情，包括論文的課題等。老師的指導理念和風格究竟與你的性格和工作習慣是否合拍？你必須在確定指導老師之前就這個問題給自己一個明確答案。如果以上解釋對你來說還不夠清晰明瞭，請看圖 1.1，結合對老師的瞭解，想一想他會處於座標中哪一象限呢？這一象限是不是你理想中的指導老師應居的位置呢？至此，該如何選擇指導老師，已無須贅述。

```
              選擇指導老師
                  ↑
                 引導
                  │
                  │
  無拘無束 ────────┼──────── 苛求
                  │
                  │
                 放任
```

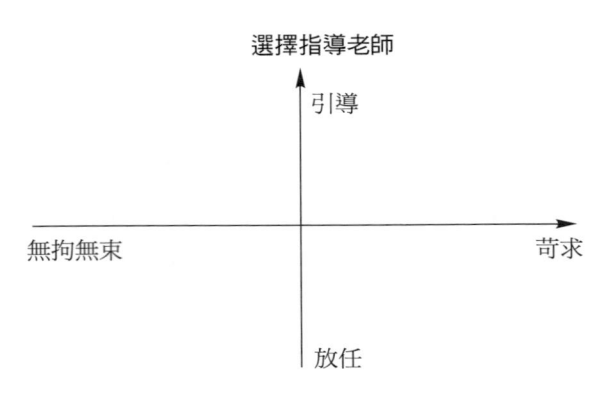

圖 1.1　指導風格的二維座標圖

- **經費情況**　這是一個非常實際的因素。雖然博士生的補助達不到餐餐「山珍海味」的程度，但起碼足以使你生活得健健康康，使你不必「白天愁論文，晚上愁生存」。有些教授的研究經費可能超出常規需要的年限 (而很多大學的經費只能延續四年)。如果你的論文被收錄，一些教授還可以資助你參加會議，而另一些教授可能因為經費有限，就不一定能提供這樣的機會了。

- **學術界和工業界的人際網路**　我們在網路中誕生，在網路中生存。所謂學術社會網路 (academic social network)，是由各種因素錯綜複雜地交織在一起的、互相影響、互相促進的有機體集合。正所謂，物以類聚，人以群分。當你進入研究生的學習階段甚至開始你的研究事業時，會更加深切地體會到「網路」帶給你的幫助。加入指導老師的研究小組時你便進入了一個社會網路，這一網路中的節點包括指導老師以前的學生、顧問，現在的同僚、朋友、學生。這些人會對你以後

的研究工作產生不可小覷的作用。這意味著，不論在攻讀博士階段還是在獲得博士學位之後，你都可以跟他們討論你的新想法、新計畫以及工作的機會。你還可以利用他們的網路來拓寬你的交流和尋求更多的工作機會。

- **老師在學術上的表現**　對感興趣的老師做些「背景調查」，瞭解他們在各自的研究領域所處的學術地位，這一點極其重要。現在，這種「調查工作」做起來很容易。第一種方法是查看論文發表以及被引用的情況，這些資訊透過谷歌學術搜索 (Google Scholar) 可以清楚地瞭解到；第二種方法是就你關心的問題直接詢問這些老師以前或者現在的學生；第三種方法是閱讀這些老師指導的研究生所發表的論文。

1.9　拿到博士學位需要多久？

　　經常有同學問起：「需要多長時間我才能博士畢業呢？」

　　從我們的角度講，這些同學問錯問題了。為什麼這麼說呢？給出原因之前，我們必須弄清楚一件事：博士學位意味著什麼？(第 2 章關於博士研究的目標等內容中有詳細介紹。) 要知道，我們所處的學術空間沒有既定的道路，沒有邊界，每位研究者都在盡量向遠處劃定自己的勢力範圍。讓人頭疼的是，我們無法用眼睛看清「新的學術空間」在哪裡。獲得博士學位意味著，你要能看到新領域的萌芽並捕捉到研究發展的良機，具備洞察難以發現之物的能力，也就是「先知先覺能力」必不可少。能夠發現新問題，並且能夠使用新的方法去解決。獲得博士學位還意味著，你能夠憑藉專門知識和技能在所屬研究領域發揮一定的引領作用。簡單地說，就是能成為所在領域

的專家。

「專家」是一個聽起來漂亮悅耳的詞彙，現在大家使用得越來越頻繁了。我們在此該怎麼定義「專家」呢？這裡有一個比較實際的衡量標準，就是當你去參加會議或者研討會(workshop)時，看看是否有人在尋找你，想找你討論問題。這是因為參加會議時，人們總是想找一流的專家討論交流。如果你碰到了這種情況，那麼恭喜你已經具備博士畢業的資格了，因為你已經稱得上是所在研究領域的專家了。還有一種衡量方法，如果你發現自己的工作開始被同行所引用，恭喜你，這也是一個好兆頭，準備畢業吧，準備被人稱做博士吧！

賣了這麼長的關子，讀者朋友，對於前述問題(多久才能博士畢業？)你是不是已經有了答案？沒錯，對這個問題的有效回答正取決於你自身的努力。與大學本科學習不同，博士研究生沒有固定學時，短到 3 年，長至 10 年，完全取決於你如何高效地完成前述任務列表中的前三項任務，如何選擇博士研究課題，以及與指導老師的合作情況。對於所有這些問題，本書均有詳細解答，希望能夠幫助你在較短的時間內獲得博士學位。實際上，我們指導的大多數博士研究生一般都能用 3 年到 5 年時間順利獲得博士學位。

1.10　三類具有代表性的研究生

我們將使用三個虛構的博士研究生的例子進行具體講解，並貫穿整本書。用他們代表博士研究生的三種典型類型，以我們兩位作者曾經指導過的學生為藍本，希望透過引入這三種典型的博士研究生的例子，使讀者加深對本書內容的理解和消

化。

　　博士研究生 A，善於學術研究，計劃畢業後到美國或者加拿大的大學做教授。他在一流會議和期刊上發表了多篇論文，並用 4 年時間獲得了博士學位。博士畢業後，為了深入研究，他做了兩年的博士後工作。目前，他是美國一所大學的助理教授。後面會介紹他是如何開始研究，如何在嘗試了多個研究課題之後確定了博士研究課題，如何做研究和如何發表論文的。

　　博士研究生 B，善於實驗性研究，計劃畢業後到公司的研究部門工作。他發表了多篇與博士研究課題相關的論文。更重要的是，他參加了一個基於大規模真實資料的國際知名競賽，並取得了非常好的成績。畢業後，他到了矽谷的一家大型網路公司任職研究員。

　　博士研究生 C，擅長工程和工業應用，以及將創意商業化。其研究偏向應用，他的目標是日後構建一些新的、有用的系統，以便商業化自己的創意。他開發了一套新系統，對於當前的商業模式來說，這套系統有著非常大的價值。因此，他為此成功申請了專利。他的這項技術還登了報。當然，他也發表了多篇應用型的研究文章。博士畢業之後他開創了自己的公司，並取得成功。

　　我們真心希望藉由這些真實的範例，能帶給讀者生動而具體的解釋，幫助讀者理解、消化本書內容。希望讀者不要囫圇吞棗地閱讀我們的文字，一定要用自己的頭腦去思考。本書分別使用學生 A、學生 B、學生 C 來代表博士研究生的三種典型

類型。同時，這三種類型的學生也代表博士研究生三種不同的研究方法：學生 A 屬於學術和基礎性研究類型，學生 B 代表實驗性研究類型，學生 C 則是應用方向和創業類型的代表。後續內容中將使用學生 A1、學生 A2、學生 B1 等來描述不同類型的博士研究生的具體實例。不同的阿拉伯數字表示所要強調的重點不同。在本書中，學生 A1、學生 A2 就是學生 A 的兩個具體實例，但他們具有不同的特點。

第 2 章
博士生的終極目標

在討論如何成功地獲得博士學位之前,請允許我們賣個關子,先來談談博士生的終極目標。為什麼呢?讀者朋友,請認真想一想,博士畢業時你想得到什麼樣的評價?是想讓別人讚嘆在攻讀博士學位這段時間你所取得的成就以及為學術界帶來的貢獻,還是想聽別人評價說「博士白讀了」?請大致記下你的想法,「以終為始」的習慣能夠幫助你洞察全景,從而步步為營,最有效地達到自己的終極目標。

2.1 第一目標:成為最好

「不想當將軍的士兵不是好士兵!」這句話換到科研領域就是我們這裡講的博士的第一目標:成為最好!當你完成博士論文時,站在創新性和影響力的角度,你的研究工作,應該成為領域內 (論文題目所涉及的) 新的風向標,而你也應該躋身於專家行列。

下面將致力於一幅簡明的二維座標圖展開,參見圖 2.1,圖中橫軸代表某一科研領域,比如人工智能 (artificial intelligence)、水淨化 (water purification) 等,縱軸表示該領域內的專業知識水準。座標內的水平線表示當前該領域內研究工作的最高水準,也可以說是研究的最前沿。現在假設你將在 4 年內拿到博士學位,在該圖中,用 4 條曲線描繪出你每年應該

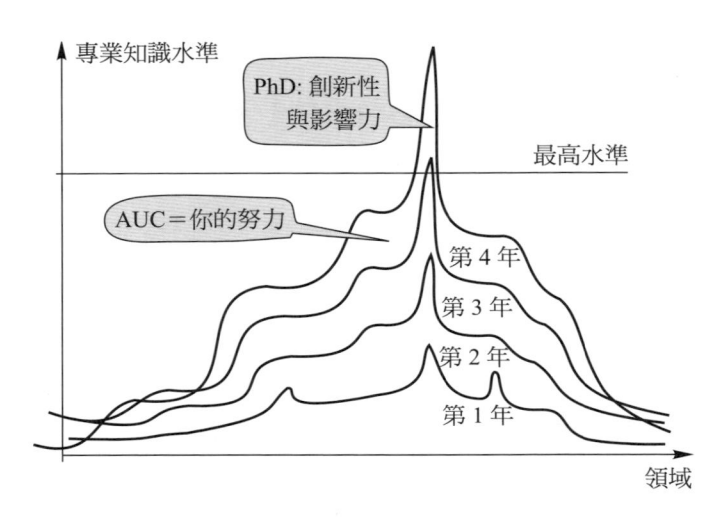

圖 2.1　4 年博士學習的知識積累過程

積累的專業知識水準。不要小看這幅簡單的圖，我們將解釋蘊涵其中的深層含義。

　　當博士研究生涯接近尾聲 (博士第 3 年和第 4 年) 時，你的研究工作應該高於當前的最高水準 (這時，你的研究工作應該被視為最高水準)。在學術研究的世界裡，一切以「創新性」和「影響力」為衡量標準。在圖 2.1 中如何體現呢？創新性是你的專業知識曲線高出當前最高水準的部分，而影響力則根據在橫軸上的跨度 (從左到右的區間) 來衡量。經過博士階段的研究學習，你應該確立自己在某一領域的立足點和擁有者。換言之，你的研究工作要像一道光，普照到這一領域的每一個角落，能讓每一位研究者都能切實感受到這光芒帶來的影響。如何證明你做到了這一點呢？唯一的指標就是你的成就。比如，在頂級會議和期刊上發表高品質的論文 (見第 5 章和第

6 章)，成功撰寫並通過博士論文答辯 (不得不說這是個會讓你十分緊張的過程，詳見第 7 章)。

用三位博士生的例子來說，博士生 A1 的研究方向是機器學習 (machine learning)，屬於人工智能的一個子領域。他 4 年拿到博士學位，在這期間發表了 10 多篇頂級期刊和會議論文。博士生 B1 在 4 年內發表了 5 篇頂級期刊和會議論文，並成功地將論文中的想法付諸實際應用，構建了一套完整的實用系統。而博士生 C1 發表了 3 篇頂級會議論文，成功申請了一項專利。畢業後，他借助風險投資公司的投資開始創業。可以說，這三位博士生都已經在各自的領域找到了立足點。希望你也能夠在研究道路上，早日找到自己的立足點。

在博士研究的起始階段 (比如第一年)，你可以去探究各種感興趣的研究課題 (如圖 2.1 所示，第一年的專業知識曲線中出現的幾個小峰值)，但應該儘快將精力集中於一個研究課題，然後對此課題進行深入研究。舉例來說，這一研究課題可以是考慮資料獲取的代價敏感學習 (cost-sensitive learning with data acquisition，機器學習的一個研究領域，也是博士研究生 A1 的研究課題)，可以是博士研究生 B1 的研究課題，主動學習 (active-learning) 和用戶界面設計 (電腦科學的另一領域)，還可以是研究如何借助大眾智慧 (crowdsourcing) 解決某些機器無法解決問題的新方法 (電腦和社會科學的一個研究領域，主要借助大眾智慧來幫助解決一些比較困難的研究問題，比如語言翻譯等)，並將這種方法轉化成規範的商業模型。這也是博士研究生 C1 的研究方向。第 3 章和第 4 章將詳細討論如何選擇博士的研究課題。

經過 4 年的博士研究學習，你的目標是最大限度地提高自己的專業知識水準。如圖 2.1 所示，曲線越高，代表你的專業水準越高。曲線下面積 (AUC) 是指每條曲線與橫軸之間的區域，這一區域的大小由你的努力程度決定。付出的努力越多，面積就會越大。這一區域的大小應該隨著博士階段的研究學習而逐年遞增。如果你並沒有付出很多努力，那麼想要超過當前的最高水準是不太可能的。正所謂，業精於勤。還記得嗎？我們在第 1 章強調過，研究者必須具備勤奮這一條件。

對於研究者來說，沒有必要對於某一領域內的所有研究課題都瞭如指掌，這也不太實際。但是，與你的博士研究課題相關的領域，就要對其做到洞若觀火。圖 2.1 中的專業知識曲線的形狀代表的就是這一層含義。更具體一點，博士研究生 A1 的研究課題是代價敏感學習，是有監督學習的一種。我們可以要求，博士生 A1 在有監督學習方面具有相當的專業知識積累。但是對於無監督學習，則不要求同樣的專業程度。

如果你是碩士研究生，一般來說，碩士研究生只需兩年到三年時間即可完成學業。這與博士研究生的前兩年學習大致相同，但不同的地方在於以下兩點：

在碩士研究生的第一年，你很少有時間和機會去深入探究多個研究課題，因為上課和考試已足以讓你抓狂了，等到學分修滿，你就可以和指導老師一起確定一個研究課題。然後在第二年，針對這一研究課題，你要作出些研究成果 (你的碩士論文)。圖 2.2(a) 描述的就是這一情況。

碩士研究生的畢業論文也可以是對幾個相關課題作出的比較性研究，或者是針對近期的一個課題寫一篇總結性報告，對

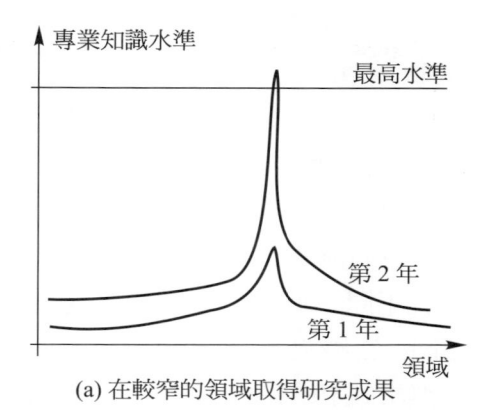

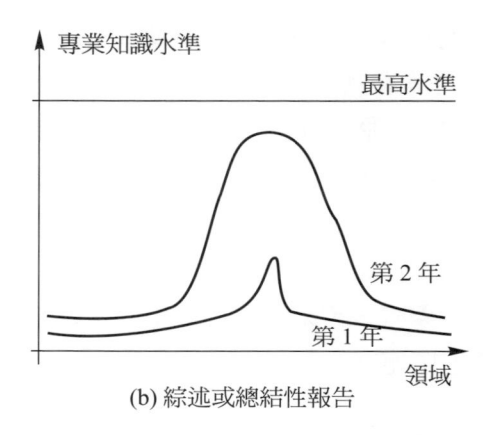

専業知識水準 / 最高水準 / 第2年 / 第1年 / 領域
(a) 在較窄的領域取得研究成果

專業知識水準 / 最高水準 / 第2年 / 第1年 / 領域
(b) 綜述或總結性報告

圖 2.2　兩年碩士學習時間的知識積累過程

某個或者多個研究領域提出新的見解。圖 2.2(b) 描述的就是上述情況。第1章曾討論過碩士論文和博士論文的區別，讀者朋友不妨回顧一下。

我們這裡討論的第一目標是成為最好，但該目標並不是那

麼容易達到的。有很多情況下,博士研究生可能把這一目標丟到了腦後;還有很多情況下,博士研究生會迷失在「精彩紛呈」的研究課題中,而始終找不到專注點;也有些情況下,博士學位的獲得需要花費更長的時間。下面來和讀者討論一些常見的博士研究生在做研究時容易犯的錯誤。

第一種情況,我們稱做「課題游擊戰」。許多博士研究生花很多時間去探究不同的研究課題,付出了很大努力(曲線下面積很大),但不足之處在於,沒有集中精力專注於某一項課題的研究,始終無法確定研究的重心。以學樂器作比喻,我們首先要想清楚是要學薩克斯風還是小提琴,或是吉他。如果從事鐵路事業,則必須想清楚,是想鋪設鐵軌還是想運送貨物控制物流。回到討論的話題,如果將精力分散於多個課題的探究,最終會導致對每個課題的研究都不能取得顯著性的成就。本質上,這麼做等同於完成了 n 篇碩士論文。然而,n 篇碩士論文的集合卻不等於一篇博士論文。如圖 2.3 所示,曲線雖然出現了幾個峰值,但是沒有一個峰值能夠超過當前最高水準,這就是「課題游擊戰」帶來的不良後果。正確的做法是,首先要把研究的核心限定在一個足夠狹窄的範圍內,然後向縱深發展。

另外一種情況,可算是「課題游擊戰」的升級版本,我們稱之為「學術三腳貓」。在博士研究階段,這類同學探究了很多不同的研究課題,作出了一些小小的成就,針對這些研究課題也發表了一些研究成果。這時就會存在一些問題,這些「三腳貓」式的研究成果(也足以成就幾篇碩士論文了)完全不足以使得他們在任何一個研究課題下找到立足點。換言之,這些

糟糕的博士論文……

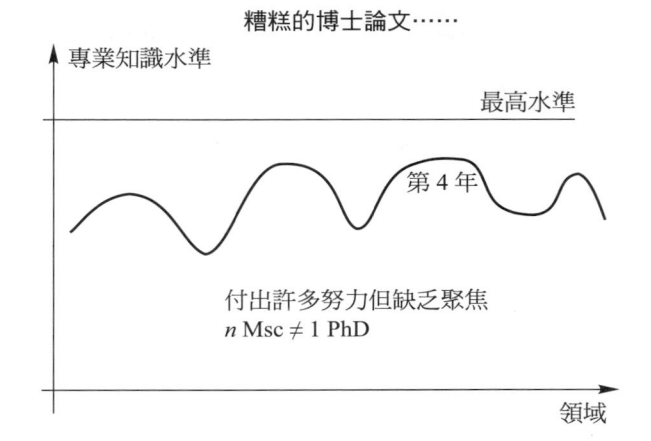

專業知識水準

最高水準

第 4 年

付出許多努力但缺乏聚焦
n Msc $\neq$ 1 PhD

領域

圖 2.3　博士學習的盲點：涉足多個領域

「三腳貓」式的研究成果終將淹沒在海洋中，沒有人會注意到這些工作，更談不上成為某個領域的風向標。這樣帶來的後果是，這些同學的博士論文會變成幾個不同課題的大雜燴，缺乏一致性會造成可能無法通過論文答辯的後果。圖 2.4 描述的就是這一情況。

　　古語云：「術業有專攻。」這裡再次強調，你的努力和付出應該有一個專注點，不可將精力分散於過多的研究課題，應從眾多研究課題中選出能夠滿足成功的必要和充分條件的一個，並付諸行動，這是非常必要的。與其發表三篇關於三個不同課題的論文，不如發表三篇關於相同課題的論文，使得在獨創性和重要性方面的成就更高一籌 (見圖 2.1)。當博士學習接近尾聲時，要像我們所比喻的，你應該像一道光一樣普照到某一領域，成為這一領域內風向標式的人物，讓人們向你諮詢建

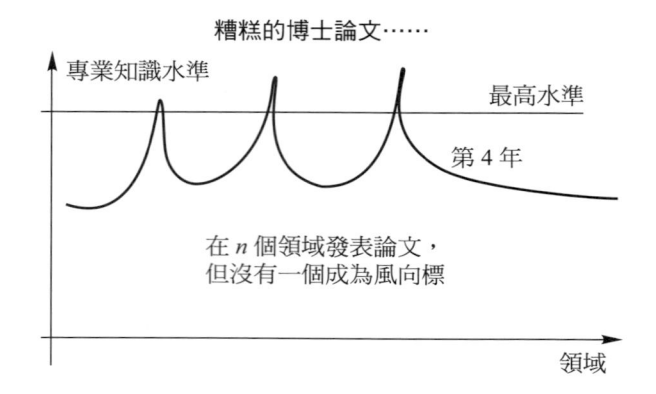

```
                糟糕的博士論文……
     ↑ 專業知識水準
     │                            最高水準
     │    ╱╲    ╱╲    ╱╲        ─────────
     │   ╱  ╲  ╱  ╲  ╱  ╲          第 4 年
     │  ╱    ╲╱    ╲╱    ╲_____
     │
     │        在 n 個領域發表論文，
     │        但沒有一個成為風向標
     │
     └──────────────────────────────→
                                    領域
```

圖 2.4　博士研究的盲點：涉足多個領域，每個領域內發表的文章都不足以達到「領域風向標」的水準

議，邀請你評審相關論文等。

　　毋庸置疑，本書的讀者群中一定有一些非常優秀的博士研究生確實能夠同時「普照」多個研究領域，但以我們多年的經驗來看，這些同學最終的博士論文課題通常只涉及其中之一。博士論文應該具有一致性，專注於一項研究課題。舉例來說，博士研究生 A1 在早期對協同訓練 (co-training) 的研究很感興趣，發表了幾篇頂級會議論文。後來他發現如果把協同訓練作為博士論文的課題，並不是件容易的工作。幾次「頭腦風暴」(brainstorm) 會議後 (見第 3 章)，他把研究方向轉向了基於數據獲取的代價敏感學習。這一方向的研究工作很少，但卻是很重要的一個新領域。他付出了很多努力，在接下來的兩年半時間內發表了多篇頂級會議論文。當 4 年博士生涯結束時，他成功地通過了博士答辯，他的博士課題是基於資料獲取的代價敏感學習，完全沒有包括任何早期的有關協同訓練的研究工作。

付出很少的優秀博士論文？

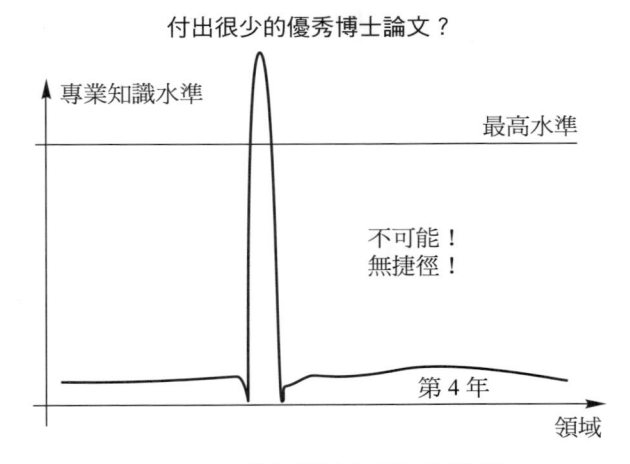

圖 2.5　博士學習中罕見的特例

　　獲得博士學位之後，如果你成為大學教授，這時可以建立多個研究方向。但對於一位博士研究生來說，在通常情況下，不太可能在 3 年到 5 年時間內在多個領域均有建樹。

　　還有一種情況，有些博士研究生喜歡「抄近路」，想找一些不用太多付出 (曲線下面積很小) 就能取得很大成就的研究課題。圖 2.5 描繪了這種現象。這種情況之一就是，你只是擴展了指導老師 (或者指導老師已畢業的博士生) 的研究工作。但是這樣一來，你並沒有學到如何成為獨立的研究者 (見 2.2 節)，你對學術界的貢獻只是像一滴水之於海洋。如果想要成為風向標，人們更期望看到的是「一石激起千層浪」的壯觀景象。因此，圖 2.5 所描述的幾近「免費的午餐」那種事只可能出現在夢中。《真心英雄》這首歌感染了很多人，其中一句歌詞寫得很好，在此與讀者朋友共勉，「不經歷風雨，怎麼見彩虹，沒有人能夠隨隨便便成功」。

對於哪些研究課題可以作為博士的研究方向，你的指導老師應該會有比較敏銳的洞察力。在課題選擇方面，建議讀者不妨多找指導老師討論。但是，你的熱情、興趣和基本功在課題選擇上也擔任著重要的角色，詳見第 3 章和第 4 章。

2.2　第二目標：成為獨立的研究者

作為博士研究生，「獨立研究」應該是謹記在心的第二目標。還記得第 1 章討論的 11 項任務嗎？你只有成為一名獨立的研究者，才能出色地獨立完成這些任務，尤其是前面 3 項任務 (探索、挖掘新的想法，嚴謹做研究，撰寫、發表頂級論文)。之所以在這裡強調獨立，是因為你在獲得博士學位以後，有可能就職於研究型大學，突然之間，你沒有指導老師可以依賴了，必須靠自己完成這些任務。這跟人類的成長階段相同，幼年時期完全仰賴他人，根據長輩的引導與養育而成長。但隨著時間的流逝，會日漸獨立。生理、心理、經濟能力等方面開始不斷成長，直到完全獨立。獨立的意義，除了獨立做事外，還意味著獨立思考。在研究方面，你要具備對研究事業的構思能力，要有自己的學術觀點，並且要用自己的研究工作來論證、支持自己的觀點。

在這裡，可以用一條曲線來表示「成為獨立的研究者」這一學習過程，如圖 2.6 所示。橫軸代表博士研究學習的整個階段，縱軸表示獨立程度。如果這條曲線呈線性增長趨勢，那就說明你做得不錯，但還有很大提升空間；如果曲線呈指數級增長，那就說明你相當出色了。

第 1 章曾討論過研究者必備的技能和能力，儘快發展這些

博士研究生的第二目標：
成為獨立的研究者！

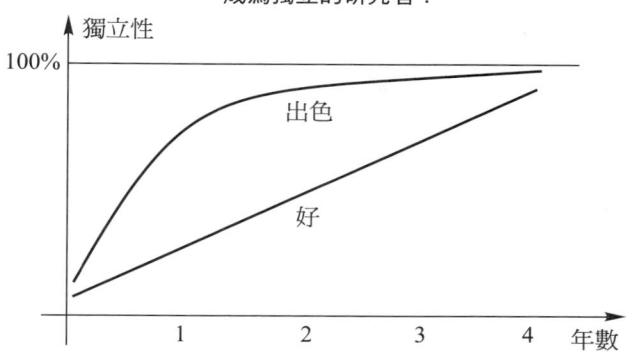

獨立性
100%
出色
好
1 2 3 4 年數

圖 2.6　博士生獨立性曲線

能力就是「成為獨立研究者」的先決條件。

　　回顧第 1 章談到的將貫穿全書的三名博士生的例子，他們在博士研究生階段很快就學會了如何成為一名獨立的研究者。具體而言，在博士研究生的前兩年，我們每週甚至每天都會跟他們詳細討論新想法、新方法和實驗上的設計。花了很大的工夫指導他們寫論文 (見第 5 章)。到了博士研究生的後半段，我們基本上每週或者任何有需要時會在一起討論想法、方法和實驗。這時的討論通常不再深入每個細節，他們已經完全能夠自己去完善想法，設計、改進實驗，撰寫論文了。與此同時，他們還學會了評審論文，撰寫經費申請資料。有些還能給學生上課，幫助指導老師指導碩士研究生。讀者朋友，隨著你的研究不斷深入，相信你的思想會日益清明，相隨心轉，定有面目一新的感覺。

2.3 通往博士(碩士)學位的三個要素

如第 1 章所討論的，作為博士研究生，主要的研究工作集中於以下 3 項任務：探索、挖掘新的想法，嚴謹做研究，撰寫、發表頂級論文。這 3 項任務並不是嚴格按照先「探索、挖掘新的想法」，再「嚴謹做研究」，最後「撰寫、發表頂級論文」的順序一次進行和完成，而是一個多層疊代和循環的過程，如 1，2，3，1，2，3，1，2，3，⋯，最終走向博士論文答辯！每項任務，如「撰寫、發表頂級論文」，也並非一蹴而就，而是必須幾經修改，方可定案；兩項任務之間可能會出現很多回合。透過多次這樣的循環，你會逐漸累積研究成果，包括對問題和方法的深入理解，發表多篇頂級論文等。同時對於研究課題，你也會逐漸成為那個相關領域的專家。最後，把這些研究成果和文章總匯到一起就可能成為你的博士論文(見第 5 章到第 7 章)。圖 2.7 簡單描述了上述過程。

讀者朋友，此時你心中一定有這樣的疑問：這個多層循環

博士研究生階段的主要任務

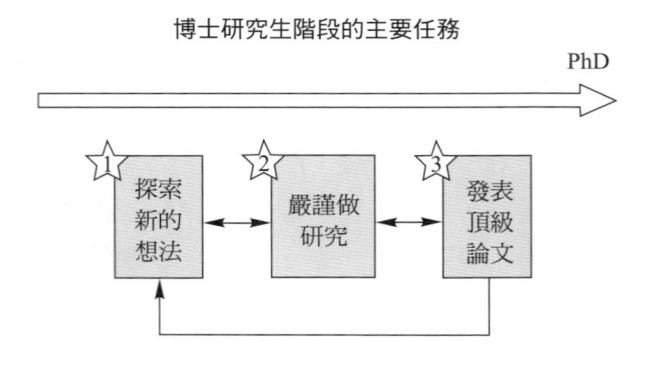

圖 2.7　成功撰寫博士論文的三步

疊代的過程什麼時候是個頭兒啊？不能總在裡面轉啊，有沒有一些明確標準能夠讓循環終止從而就能拿到博士學位呢？可以清楚地告訴你，不存在明確絕對的標準。不過我們說過，針對你的博士研究課題，發表較多的頂級期刊和會議論文是對你博士研究工作的肯定。「較多」究竟是多少？抱歉！沒有具體數字。事實上北美的大學一般也沒有任何硬性指標。要多聽聽你的指導老師和博士委員會成員 (PhD Committee) 的意見。在後面幾章中 (第 3 章～第 6 章)，我們會詳細討論如何高效地完成這三項任務。第 7 章會告訴你如何撰寫博士論文，如何成功通過博士答辯。所以，請繼續認真閱讀吧。

還要補充一點，雖然說任務 1 到任務 3 是博士研究生的主要研究任務，但是通常博士研究生也會協助指導老師一起完成列表中的其他任務。在博士研究生生涯快要結束時，你應該在研究課題上有所建樹，應該成為一名獨立、有潛力、全面、有競爭力的研究者！

如果你是一名碩士研究生，在完成必修課的學習之後，準備碩士論文之前最多也就經過兩輪這樣的循環過程。在這個過程中，針對論文課題，你應該嘗試著發表一篇到兩篇中等水準的會議論文，當然了，如果是頂級會議論文那就更好了。碩士論文的答辯要求通常沒有博士論文的嚴格，尤其是對創新性和影響力的要求。本書雖然主要針對的是博士研究生的研究，但也適用於碩士研究生，因為這兩階段的學習基本上大同小異。

2.4 通往博士帽的幾個關鍵階段

我們在前一小節討論了獲得博士學位的幾項重要任務，本

節要討論在攻讀博士期間幾個關鍵性的階段：

- 達到學分要求 (1 年到 2 年)
- 通過博士資格考試 (博士第 2 年)
- 通過博士開題答辯 (第 3 年到第 4 年)
- 通過博士論文答辯 (第 4 年到第 5 年)

　　一般來說，研究生院要求博士研究生完成 5 門到 7 門課程的學習。對於跨學科的同學，需要補修 1 門到 2 門本科課程。例如，從物理系轉到計算機系的同學，要補修資料結構、算法設計、計算理論和操作系統。這些核心課程要在 1 年到 2 年時間內修完。除了這些必修課程外，建議選修一些跟你的研究課題相關的課程，這會對研究有所幫助，關於這方面的內容請見 3.1 節。

　　除了必修課程外，很多大學都有博士資格考試，分為口試、筆試或者口試加筆試三種形式。設置資格考試的目的，是為了確認博士研究生已經具備了進行研究的條件，包括專業知識積累和技能水準等。

　　通過資格考試之後，你的研究生活才算真正的開始。沒有了上課和考試的壓力，一下子從束縛中解放了，精神也放鬆了不少，於是開始參加社交活動，白天不起，晚上不睡，是這樣吧？親愛的讀者朋友？適當放鬆是對的，問題在於有些同學一直放鬆到畢業！人性的本質是主動而非被動的，不僅能夠選擇對生活的回應，更能主動創造成功的條件。缺乏生活目標的人就像受制於氣象變換的月亮，「陰晴圓缺」地變化無常。這樣的人碰到秋高氣爽的時節，可能興高采烈；遇見陰霾晦暗的日

子又可能無精打采。而積極主動的人，心中自有一片天地，堅持自身的生活目標和價值觀才是關鍵。

「最令人鼓舞的事實，莫過於人類確實能主動努力以提升生命價值。」

——梭羅 (Henry David Thoreau)，美國文學家及哲學家

對於博士研究生來說，生活目標是一個很重要的驅動力。「be proactivity」(積極主動) 是一個經常出現在英文著述的管理學方面書籍裡的詞彙，大部分字典查不到，其含義不僅僅是積極主動，還代表人要為自己負責。讀者朋友，既然我們選擇了研究這一事業，就請不要辜負自己，請不要怠慢自己的智慧，請時刻保持積極進取之心。

第二個階段是論文開題答辯。只要是博士研究生，就需要選擇一個研究課題作為畢業論文的題目 (見第 3 章和第 4 章)。這樣你才能夠在這個方向上總結現有的工作，繼續深入下去，探索、發掘新想法，尋求新的解決方案。在論文開題階段，要求博士研究生提出想要解決的問題，對現有的方法進行詳細的總結歸納，包括現有方法的優缺點。此外，還有一項重要內容就是提供你自己的解決方案。開題一般採取答辯形式，答辯委員會由院系內幾名老師組成。

此時你必須做深入而嚴謹的研究，才能夠證明自己的解決方案究竟是正確的還是錯誤的。這個過程言易行難，真正做起來要比想像中困難得多。為什麼呢？總結歸納當前工作時，你會發現論文多得簡直就像兩個整數之間存在的小數，無窮無盡。不僅如此，如果缺乏很好的組織能力，要有條理地組織總

結這些論文是一件非常困難的差事。第 3 章和第 4 章講討論如何利用格雷準則 (Gray's criteria) 和棋盤法 (The Matrix Method) 確立一個好的研究課題。當然，讀者朋友如果有其他更有效的方法，希望能與我們分享。第 5 章和第 6 章會講述與撰寫論文相關的內容。以上談到的均處於我們反覆強調的三項任務 (產生新想法、做嚴謹的研究、發表頂級論文) 的疊代過程中。

發表了一定數量與博士論文課題相關的頂級期刊和會議論文後，在指導老師的同意之下，你就可以開始撰寫博士論文、準備博士答辯了。第 7 章將詳細講述如何撰寫博士論文並成功通過博士答辯。

除了要完成以上 4 個關鍵階段的任務外，博士研究生通常還要每週做 10～20 小時的助教工作。這些工作若處理得當，有助於培養你和別人的交流能力，以及合理安排自己時間的能力，也能間接地幫助你儘早成為一名合格的教授。

2.5　目標之外的那些事

毫無疑問，研究是博士研究生的生活主線。除了這條主線之外，我們來看看博士研究生的生活裡還有什麼其他事情要耗費精力。

現在很多文章都需要用英文寫作，因為很多國際會議是這樣要求的。但是，大多數博士研究生的母語都不是英語，如果他們在國外唸書的話，那麼，其文化背景也與就讀博士學位的國家存在很大差異。他們面臨著語言障礙、文化轉變、思念家鄉等各種情況 (就像我們兩位作者 25 年前剛剛到美國時的情況一樣)。這時，積極主動地與各種文化背景的人交流溝通，

快速融入環境是很重要的。只有這樣才能把精力集中到研究工作中。如果你的英語不是很流利(假設英語是上課、撰寫論文的官方語言),那麼多練習、多找人交流是很有效的提高方法。在這裡,給讀者講個故事。眾所周知,卡內基大廳是美國古典音樂和流行音樂界的標誌性建築。民間傳頌著一個關於該大廳的傳說,「問:『我怎麼才能去卡內基大廳?』答:『練習,練習,再練習。』」好了,故事歸故事,希望讀者能夠領會其中深意。回到正題,第 5 章將討論如何用英文寫作科研論文。當然,這些方法也適用於其他語言。

另外,助教 (teaching assistant) 是博士生一項基本逃不掉的工作,助教工作可以訓練表達能力,如果你以後想在大學謀職,請好好把握這一機會。所以說,助教工作也很重要,應該認真對待。然而,有些博士研究生不知道該怎麼平衡多項工作,在助教工作上花費了太多時間。在這裡,我們想說,要高效率地做每一件事。這跟日常生活一樣,學開車、外出旅行、休閒運動等都是生活的副產品,不能佔據整個生活。休太長的假、打太多的遊戲等都無益於知識的增長。你應該保持健康,平衡地享受生活,正所謂「努力工作,起勁玩樂」(work hard, play hard)。在攻讀博士期間,在適當休息娛樂的同時,主要的精力還是應該放在研究上。

總之,健康、高效的工作和生活是實現兩大目標的基本保障,要找出這兩者之間的平衡點,這樣有助於生活平衡發展。要提醒自己,雖然生活中要扮演很多不同的角色,但秘訣在於不要針對日程表定製優先級,應就事件本身的重要性來作安排 (put first things first)。

有些博士研究生確實很努力地工作，也很喜歡做研究，他們也不在乎多久才能拿到博士學位，奉行「只問耕耘，不問收穫」的人生哲學。這些人只是單純地喜歡做研究，即使是超過 8 年才能獲得博士學位也是如此。可是，如果出現指導老師和學校的支持經費短缺情況時，他們就必須同時做好多門課程的助教才能有生活保障 (就是說，除了科研外還要擔心溫飽問題。而這是你最初讀博士的夢想嗎？)。請記住，博士的研究學習只是一個訓練過程，幫助你在某個領域找到立足點，成為一名獨立的研究者。如果你能夠遵循本書的指導，這個訓練過程一般只需 4 年到 5 年時間，然後就能進行博士論文答辯，成為一名真正的研究者，比如成為大學教授、著名公司的研究員等等。

第 3 章

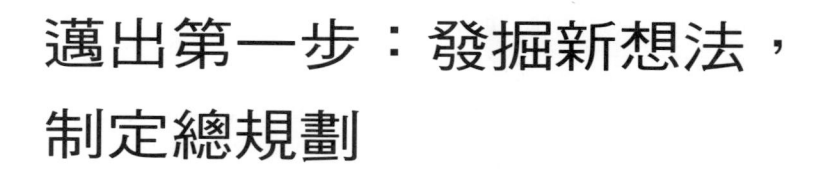

邁出第一步：發掘新想法，制定總規劃

讀者朋友，讀完第 2 章後你心裡對自己要達到的目標是不是已經很清楚了呢？希望你在閱讀後續章節時能時刻牢記前文所述的兩個目標，因為我們就要開始講述做研究的具體過程了。請將目標謹記於心，這對你的閱讀理解會有很大幫助。首先，對自己將要做的和正在做的研究，要有一個正確的評價標準：我的研究到底屬於哪一個層級呢？

一般來講，研究工作和研究成果按照創新性和影響力的不同可以劃分成以下不同的等級：頂級 (前 5%)，非常好 (前 5%～25%)，好 (前 25%～50%)，一般 (後50%)。而你的工作最終會被評為哪個等級完全取決於你自身的努力 (探索、發掘新想法，嚴謹做研究)。努力多一點點，很可能就使研究工作從「一般」上升到「「好」，再努力一點點，可從「好」提升到「非常好」，繼續努力一點點，就位列「頂級」了。實際上，對研究工作進行等級分類是一件複雜的事情，要考慮的因素很多。如果想瞭解自己目前正在進行研究工作的所屬等級，可以嘗試諮詢一些資深研究者，尤其是你的指導老師，他 (她)會很清楚地告訴你。我們認為，在撰寫、發表學術論文之前，至少應該確保所進行的研究工作的等級為「好」或者「非常

好」。

　　學術會議和期刊也劃分為相應的四個等級。與研究工作和研究成果不同，這一劃分基於很多因素，比如影響因子、競爭力等。同樣地，對學術會議和期刊進行等級分類也是一件複雜的事情。在這裡，我們想跟讀者朋友討論的重點不在於等級劃分。現在假設相關學術會議和期刊的等級已知，那麼研究工作就是要確保能被相應等級的會議或者期刊收錄和發表。舉個例子，「非常好」的研究成果就應該發表到「非常好」的會議或者期刊中，而不應僅僅由於書寫問題被「非常好」的會議或者期刊拒收就退而求其次地發表到「好」甚至「一般」的會議或者期刊中。其實，這種情況很多見，發生在年輕研究者身上尤其多。第 5 章和第 6 章將討論與此相關的內容，幫助讀者朋友提高論文寫作水準和技巧，讓「書寫」問題不再成為論文被拒收的理由之一。在制定好目標之後，就要來制定我們研究的總規劃了。

　　我們將從博士研究生的第一年講起，你可能會產生這樣的疑問：「第一年那麼多課要上，還有資格考試，哪有時間做研究啊？」是的，我們都知道第一年是非常忙碌的一年，也是至關重要的一年。所以本章將討論如何為日後的研究做足準備。

3.1　頭一年

　　不管是博士還是碩士，第一年都要上課，這個任務誰也逃脫不了。在這裡，我們想給些選課的小建議。結合對未來的研究打算，要儘量拓寬自己的知識面，換句話說，選擇的課程涉及範圍要廣，不能太單一。還有一點，自己指導老師開設的

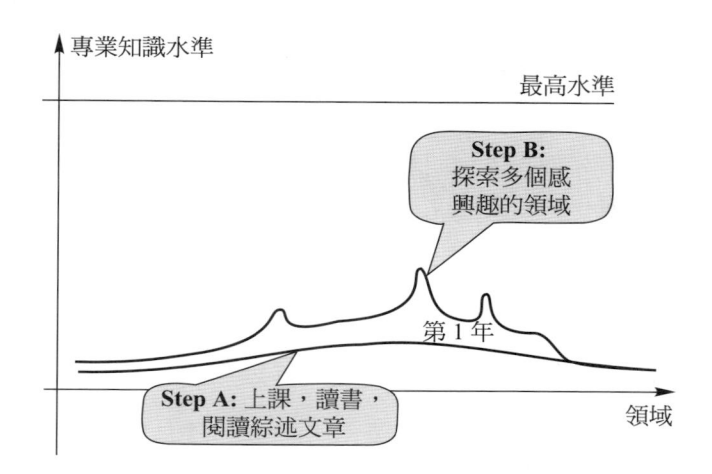

第 3 章　邁出第一步：挖掘新想法，制定總規劃 ▶ *45*

```
專業知識水準
  ▲
  │                              最高水準
  │                    ┌─────────────┐
  │                    │  Step B:    │
  │                    │ 探索多個感    │
  │                    │ 興趣的領域   │
  │                    └─────────────┘
  │              ╱╲        第 1 年
  │         ╱╲╱    ╲╱╲
  │    ┌─────────────┐
  │    │ Step A: 上課，讀書，│
  │    │ 閱讀綜述文章        │              領域
  │    └─────────────┘                     ─▶
```

圖 3.1　第一年的進展：上課 (Step A)，探究多個感興趣的領域 (Step B)

課程是千萬不能錯過的。舉例而言，假如你的研究方向是人工智能，像機器學習、資料發掘、統計學習這類課程應該是必修課。假如你以後想成為一名工程師，一些基礎課程，比如統計與機率、工程設計等，則必須掌握，還要熟練使用一些工具軟體，如 MATLAB、R 等。課堂上老師教授的知識畢竟有限，只是發揮拋磚引玉的作用。博士研究生要學會主動學習。主動學習者，能根據所「拋」之「磚」而「引」至「玉」。上課之餘，你可以自學一些領域相關的其他課程，包括教科書的閱讀、線上課程的學習等。這些都是你未來研究的知識儲備。我們用圖 3.1 來描述這一過程，圖中橫軸代表學術研究領域，縱軸表示專業程度，曲線 Step A 描述的是學習完課程之後，你在這一領域具備了較廣的知識面。

在課程學習過程中，你很可能會對某些研究課題 (比如半

監督學習、聚類等) 產生特別的興趣。如果想對這些領域展開深入研究的話，我們有下面幾點建議：

- 跟指導老師約談，告訴他 (她) 你的興趣所在，他 (她) 會推薦你閱讀一些相關論文，也可能會指點你一些值得深入研究的方向。
- 閱讀與這些課題相關的最新綜述文章 (survey articles)。多留心相關的講座，並閱讀與這些課題相關的期刊專刊和會議論文集。
- 不要錯過你周圍的學術會議和研討會。尋求機會去跟第一線的研究者交流，這樣，可以針對你感興趣的研究領域去詢問其看法。在會議上，要仔細聆聽他們的演講，瞭解他們所講述的研究問題以及難度。
- 閱讀一些最新的具有高影響力的論文 (見 1.2 節)，注意在閱讀時，要帶有批判性的眼光和創造性的思維 (見 1.3 節)。
- 嘗試著寫一篇綜述文章，尤其是針對那些你特別感興趣的研究課題。

在第一年近尾、第二年伊始之際，應該對多個研究課題都有了一定的研究，正如圖 3.1 中 Step B 所示，你的專業知識曲線在這時應該出現幾個小峰值。還記得第 2 章的圖 2.1 嗎？這與圖 2.1 中第一年知識積累曲線一樣。

3.2 文獻檢索

感謝互聯網，我們現在有很多學術搜索引擎可以使用，比如 Google Scholar、Arnetminer、Microsoft's Academic Search、

Elsevier's Scirus、CiteseerX 等,除此之外,學校圖書館會訂很多學術相關的資料庫,供在校生免費使用。這使得檢索與下載論文已不是什麼大問題,相反地,這些事情變得異常方便和快捷。現在的問題是:如何在浩瀚文獻中,找到最新並具有高影響力的論文?查找相關文章的過程也是一門學問,稱做文獻檢索。對此,我們有以下幾條建議:

- 高影響力的期刊和會議對論文的評審與篩選非常嚴格。因此,能夠發表在這些期刊和會議中的論文,品質一般都很高。你可能會問:怎麼知道哪些影響力高、哪些影響力不高呢?不要擔心,在你研究的開始階段,一個稱職的指導老師會告訴你哪些期刊和會議的影響力較高;你也可以關心一些相關會議,找到會議的主題演講者 (keynote speakers),看看他們的主頁以及經常出版、發表其論文的會議和期刊;另外,在你感興趣的領域,找到一些被引用率較高的文章,然後深入閱讀這些文章。隨著研究的深入,你會逐漸清楚如何評判期刊和會議的影響力。

- 影響因素是期刊和學術會議影響力的評價指標之一。簡單地說,影響因素是這樣計算的:過去兩年裡,平均每篇發表於期刊的論文被引用的次數。比方說,一個期刊的影響因素是 10,就說明在過去的兩年裡,平均每篇發表於此期刊的論文每年被其他論文引用了 10 次。所提到的「其他論文」又是怎麼定義的呢?那就是耳熟能詳的 SCI 了,由 Institute for Scientific Information (ISI) 規定。

- 一般來說,資深研究者所發表論文的影響力都很高。至於對哪些人在哪些領域有很高的影響力,則需多加留意,也可以

找一些高年級同學瞭解。
- 你還可以借助我們前面提到的學術搜索引擎，輸入相關的關鍵詞，這可幫助你快捷地搜索到自己需要的論文。現在這些搜索引擎都設計得非常人性化，細緻而周到，你想查看的關於論文的信息，諸如發表時間、被引用次數等，都會跟隨搜索結果一起呈現出來。不同的搜索引擎使用不同的搜索算法，所以返回的搜索結果會有些差異，因此在使用不同的搜索引擎時，你可能要使用不同的過濾條件。

圖 3.2 是一個使用谷歌學術搜索「層次分類」(hierarchical classification) 的例子。從返回的搜索結果可以看到，前面幾篇論文都發表於十多年前，被引用數百次 (筆者搜索於 2011 年 6 月 9 日)。我們怎麼查找近期發表的論文呢？Google Scholar 提

```
Google scholar  hierarchical classification         Search   Advanced Scholar Search
Scholar  Articles and patents  · anytime  · include citations  · ✉ Create email alert Results 1 -

Hierarchical classification of Web content
S Dumais... - Proceedings of the 23rd annual international ..., 2000 - portal.acm.org
ABSTRACT This paper explores the use of hierarchical structure for classifying a large, heterogeneous
collection of web content. The hierarchical structure is initially used to train different second-level
classifiers. In the hierarchical case, a model is learned to distinguish a second-level ...
Cited by 543 - Related articles - All 45 versions

Hierarchical classification of community data
HG Gauch... - Journal of Ecology, 1981 - JSTOR
Journal of Ecology (1981), 69, 537-557 HIERARCHICAL CLASSIFICATION OF COMMUNITY
DATA HUGH G. GAUCH, Jr and ROBERT H. WHITTAKERf Section of Ecology and
Systematics, Cornell University, Ithaca, New York 14850, USA SUMMARY (1) The ...
Cited by 220 - Related articles - All 3 versions

Hierarchical text classification and evaluation
A Sun... - Data Mining, 2001. ICDM 2001, Proceedings ..., 2001 - ieeexplore.ieee.org
Hierarchical Classijication refers to assigning of one or more suitable categories from a hierarchical
```

圖 3.2　谷歌學術搜索的例子

供給用戶很多有用的過濾條件，尤其是時間過濾。它的默認設置是任何時間，如果你想找 2010 年以後發表的論文，就把這一條件設置成「自 2010 年」即可。

找到近期發表且影響力較高的論文後，要認真閱讀。然後，根據論文中出現的其他關鍵詞再次搜索。繼續前面「層次分類」(hierarchical classification) 的例子，「文本分類」(text categorization)、「分類學習」(taxonomy learning) 和「分面瀏覽」(faceted browsing) 都是「層次分類」的代名詞。谷歌學術搜索還有一個不錯的「被引用」(cited by) 功能，由此可看到引用當前這篇論文的所有文章。這樣一來，對所感興趣的研究課題，很快就能找到上百篇的相關文章。

既然都是些高影響力的文章，讀起來肯定不那麼輕鬆，究竟該怎樣閱讀論文呢？請繼續往下看吧。

3.3　如何閱讀學術論文？

關於「如何閱讀學術論文」都要寫一小節？是不是有點太費工夫了？教科書怎麼讀，論文就怎麼讀唄。是啊，同樣是文字，教科書和論文這兩者有什麼區別呢？實際上，它們不僅有區別，而且區別相當大！不然本節內容真可以隨著 Delete 鍵而被刪除了。教科書和研究論文的撰寫出發點和目的存在很大不同，教科書的目的在於「教」，而研究論文的目的在於「研究」。這麼說可不是玩文字遊戲。你之所以閱讀教科書，是因為你想要理解和學習知識，你能夠從教科書中汲取知識的每一個細節，小到希臘字母符號的讀法，大到定理的應用舉例。而在閱讀研究論文的過程中，你更加期望從中發掘出新的研究問

題和想法，超越作者的工作。所以從知識流向來看，兩者的閱讀是不同的。閱讀教科書，知識流入大腦；閱讀研究論文，知識經過再加工流出大腦。讀者朋友，兩者的區別你現在理解了吧。

據我們的多年觀察，新研究生在閱讀論文時容易犯兩種錯誤：第一，他們往往會跟閱讀教科書一樣，一字一句地斟酌和拜讀，這種「咬文嚼字」式的閱讀會浪費太多的時間，要花上幾天時間閱讀一篇 10 來頁的論文不說，還會使你思路僵化。學生問我們「這具體是怎麼做的啊？」他們也經常發送郵件來詢問論文的實現細節。如果不是學生而是其他研究者在嘗試著重新實現我們的方法，我們倒是會非常高興，一定儘量仔細地回覆郵件。

下面進入正題，討論如何正確地閱讀研究論文。我們的建議是這樣的：首先，千萬不要採用流水線式閱讀法，即一字一句地從頭讀到尾。而應先快速瀏覽一遍論文，對於研究問題、假設條件、主要想法以及解決方案作大致瞭解。然後，再從頭讀一遍，仔細地推敲論文內容，學會用批判的眼光去閱讀，從中發掘新想法，再嘗試著深入研究如何超越該研究者的工作。

更具體些，閱讀理解論文的主要思想和解決方案不應該佔據多於 30% 的時間。也就是說，最多花一兩個小時的時間閱讀一篇 10 頁左右的論文。聽起來有些不可思議嗎？這麼短的時間怎麼做到理解主要思想，尤其在有些論文技術性很強的情況下？若是閱讀一篇結構清晰、表述清楚的文章，做到這一點並不難。怎麼說呢？一位好作者的論文會清楚地告訴讀者哪些是重點、哪些不是。一篇研究論文通常由兩大部分組成：摘要

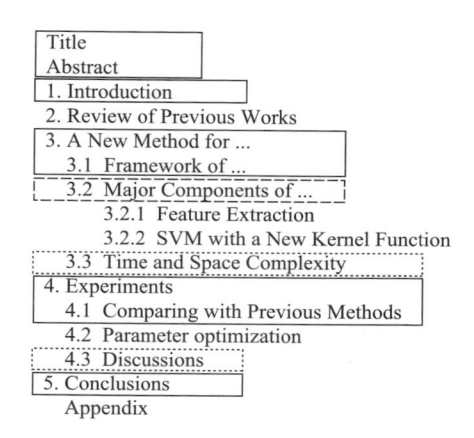

第 3 章　邁出第一步：挖掘新想法，制定總規劃 ▶ *51*

```
Title
Abstract
1. Introduction
2. Review of Previous Works
3. A New Method for ...
   3.1 Framework of ...
   3.2 Major Components of ...
          3.2.1 Feature Extraction
          3.2.2 SVM with a New Kernel Function
   3.3 Time and Space Complexity
4. Experiments
   4.1 Comparing with Previous Methods
   4.2 Parameter optimization
   4.3 Discussions
5. Conclusions
          Appendix
```

圖 3.3　論文的主要結構圖。我們建議實線框中的內容要認真閱讀，虛線框中的內容可大體瞭解，無框的內容略過即可

(abstract) 和正文 (body)。正文又會被劃分成章節 (section)，各章節均帶有提示性標題。很多時候，章節還會繼續細分成小節 (subsection)、次小節。第 6 章會詳述論文結構。一篇寫得不錯的論文，應該遵循自上而下的原則。在講述主要思想和方法的實現細節之前，應該先描述清楚高層次的概念和方法，這樣有助於讀者的理解。依照這種自上而下的組織方法，讀者易於定位到高層次概念的理解，而不必花過多時間糾結於一些技術細節。

　　圖 3.3 描述了一篇論文的結構。對於摘要和引言 (introduction) 兩部分，用 15 分鐘快速閱讀之後便會對研究問題有基本的瞭解。如果研究問題與你的研究範圍毫無交集，該論文也就失去了繼續閱讀的意義。相反地，如果研究問題相關，你就需要繼續瞭解算法的主要框架、實驗結果以及作者提出的結

論。圖 3.3 中，實線框的部分代表高層次的概念，這部分需要仔細研讀。虛線框圈住的是細節性文字，這部分看看即可，無須花費太多時間。沒有任何標識的部分，大可略過。這種閱讀方式，會幫助你在短時間內瞭解高層次的研究問題、主要思想以及解決方法。

結構之於論文，等同於頁面佈局之於網頁，等同於枝幹之於樹木。如果能夠清楚把握論文結構，寫論文就不再是一件難事。第 5 章和第 6 章會詳細講述如何寫得一篇結構清晰且易讀易懂的好論文。

前面提到，只需花費少於 30% 的時間和精力閱讀和理解論文的研究問題、主要思想和解決方法。那麼餘下 70% 的時間和精力用來做什麼呢？用來思考。要以帶有批判性的眼光思考論文中的研究問題，用帶有創造性的頭腦思考針對這一問題的解決方法。具體如下：

- **批判性思考**　所謂批判性，翻譯成大俗話就是「找碴兒」，「雞蛋裡挑骨頭」。閱讀論文時，不能讓作者牽著自己的思路走。每當作者提出假設、給出解決方案時，就要思考假設條件是否成立？提出的問題是否合理？解決方法有沒有缺陷？

  博士研究生 A1 在一年級上課階段讀了很多關於協同訓練 (co-training) 的論文。期間，他動手完成了一些經典算法，並用真實數據來測試。這時，他發現測試出來的結果並沒有論文中報告得那麼好。這促使我們開始思考幾個問題：協同訓練的效果真有那麼好嗎？什麼條件下會帶來很好的效果？而什麼條件下好效果就不那麼明顯？帶著這些問

題，我們在這一領域進行了更深入的研究，並成功撰寫發表了一些頂級會議和期刊的論文。如果這個學生當初沒有深究結果上的差異，就不會產生這些研究成果。提出這個例子是想告訴讀者，要敢於懷疑和挑戰，不要放過一切疑問，因為你放過的可能是幾篇頂級論文也不一定呢。

- **創造性思考**　「給我一個支點，我能撬起地球。」擺在你面前一個研究問題，別人已經有了一套解決方案，你還能想到更好、更新和各種不同的解決方法嗎？這就是所謂創造性思考。

　　閱讀本章後，不論看書也好，讀報也好，看電視也好，觀看電影也好，我們真心希望讀者能夠養成批判性、創造性的思考習慣。常常想一想：這個故事的內容情節有什麼錯誤或不合理的地方，即使面對名劇、名著！這就是批判性思考。同時也要進行創造性思考：還有其他不同的編法、寫法嗎？哪些可能比原作還要好？本書作者之一凌曉峰，也從事兒童教育。他經常跟小朋友玩有趣的益智遊戲，講故事或者看電影。有人不禁會問：這有什麼益智功能呢？某個遊戲規則在他那裡可能變成這樣：故事講了一段或者電影看了一段時，他會停下來問小朋友，這個故事有什麼不對勁兒嗎？如果你是故事的作者接下來怎麼做？這個故事有什麼可能的不同情節發展和結尾？讀者朋友，你能理解嗎？這種新的遊戲規則可以幫助開發兒童的批判性、創造性思維，這一點對兒童未來的發展將產生至關重要的作用。這也恰是做研究的必備能力之一。

　　即使是拜讀 10 年前的論文，遵循批判性、創造性思考的閱讀方式，你依然能從中發掘到研究的靈感。不過，這種來自

於 10 年前的論文的靈感很有可能已被人捷足先登了 (已經有人發表了類似的研究成果)，所以只是一種「再發現」而已。如果不是 10 年前的論文，而是最新發表的論文，情況就會大有不同了。如果你能從最新的論文中找到研究靈感，這種靈感經過加工、包裝很有可能成為不錯的「新發現」，為你帶來研究的立足點，最終幫助你順利拿到博士學位。當你不斷地遵循批判性、創造性思考的閱讀方式，「再發現」就會被「新發現」所取代，你的研究就會產生飛躍。

再度強調：閱讀研究論文，要學會「少讀多想」，即花費少量時間掌握精髓，使用較多時間去思考，去尋找自己的靈感。教育學、心理學方面的很多研究都表明：如果給一個人 (兒童) 過多的信息和指導，他會變得具有依賴性和機械性，而懶於創造和探索。回到閱讀研究論文的話題上，想想我們閱讀研究論文的目的何在呢？難道不是為瞭解當前研究趨勢、探尋研究的新領域嗎？既然如此，若缺乏批判性、創造性的思維，你又如何才能達到目的呢？

不能否認，成長環境和早期教育方式對人們思考習慣的影響。有人從小就養成了提出問題、主動思考的學習模式；有人則習慣於被動接受，完全遵從老師或家長給予的指導方針，只會做課本上的習題。讀者朋友，如果你屬於後者，則可能要花上數月或者數年時間來改變固有的思考方式，使自己變得具有批判性和創造性。在日常生活中，要時刻提醒自己這一點，就像我們在開始提到的，無論是讀書、看報、還是觀看電影、電視，都要試著脫離所聞所見，從另外的角度去思考。養成這樣一種習慣後，相信你一定會提高得很快。

第 3 章 邁出第一步：挖掘新想法，制定總規劃 ▶ 55

　　有時你也有必要親手完成所讀論文中提到的方法。在這種情況下，必須認真仔細地閱讀和推敲論文內容，每一步推導都不能放過。讀者朋友，你應該還記得我們在前面強調應在短時間內掌握精髓。現在說的「仔細推敲」與這一點並不矛盾，因為動手完成和尋求靈感是兩個不同的過程。動手完成現有方法常常是做研究的必經階段，現有方法只不過是開展研究的基礎點，也是自己方法的參照點，如果不和已發表工作進行比較，又如何證明自己的方法更好呢？第 4 章會進一步闡述這一點。

　　討論了第一種閱讀論文易犯的錯誤，下面來講第二種。讀者朋友，你在小學語文課上一定寫過作文吧？有沒有過曾在老師的批語中赫然出現著「跑題」兩個字？這跟我們要討論的第二種錯誤類似。很多學生讀論文，讀著讀著就「跑偏」了，把注意力放在了一些不重要的細節上，丟棄了閱讀初衷。通常，研究論文涉及一些自己不熟悉的技術方法是很正常的。我們都不是百科全書，對不對？比方說，討論有監督學習的一篇論文，其中使用的方法涉及二次項最佳化問題，而你對這個最佳化問題並不熟悉，如果我們猜得不錯的話，你會找來一本厚厚的最佳化問題教材，想從頭到尾弄清楚這個問題。這種精神值得讚許，但這一方法並不可取。什麼才是正確的閱讀方法呢？

　　我們認為，一種可取的閱讀方法是「需求引導式學習」。藉由本科或者碩士階段的學習，你的知識儲存應該達到了做研究的基本要求。遇到不熟悉的內容，迅速而精確地掌握其要素即可。關鍵是不要讓這些不熟悉的內容成為閱讀理解論文的障礙，即不能讓這些困境在閱讀過程中喧賓奪主。

　　回到閱讀論文的初衷，我們的目的是瞭解研究的現狀和趨

勢，更主要的還是期望能從中發掘出自己的研究靈感。讀者朋友，你是怎麼做到這一點的呢？

3.4　發掘新想法

　　一般來說，科學發現是一個產生新假設，收集資料，做實驗證實或反駁假設的過程。這聽上去簡單，實際上，這個過程要複雜得多。新假設之於科學發現象新想法之於研究。那這些新的、有趣的、有潛在價值的假設從哪裡來呢？是怎麼得到的呢？絕不是一朝一夕拍拍腦袋瓜就能想出來的。在確定一個好的假設之前，會經過多次討論和修改。確定假設之後才能正式開始設計實驗，並經過嚴謹而深入的研究來論證假設。應該如何進行合理的實驗設計呢？我們將在這一小節討論如何找到研究的靈感和新點子。

　　剛剛開始研究的博士生經常採用的方法是，從論文的「未來展望」(future work) 部分尋找研究的新點子。我們不得不說，這種方法非常不好，而且有一點點投機性質。因為既然在論文中寫了出來，就顯示作者至少已經在頭腦中開始醞釀這些想法，很有可能作者已經開始這部分工作的研究了。即使你以最快的速度開始研究，也不一定能趕上原作者的步伐。還有一點，根據作者的「未來展望」開始你的研究，你的思維會被論文作者的文字所束縛，仍然不具備獨立產生新想法的能力。

　　前一小節討論了如何做到「少讀多想」的閱讀，強調批判性、創新性思維。在閱讀論文時，如果對文中提到的方法、研究工作的主要思想、研究問題產生任何疑問，或者你能想到更好的解決方法，要立刻記錄下來，因為這可能會成為你日後研

究的根源呢。現在的論文文稿基本都採用 PDF 格式,很多軟體都支援筆記和註釋功能,閱讀論文時千萬不能辜負設計 PDF 的軟體工程師辛苦構建這些功能的苦心啊。當然這只是開玩笑,但在閱讀論文時,往往思維活躍,很多想法來得快、消失得也快,最好的方法就是將其一一記錄之,進行備案,以供日後翻查。

事實上,如果大腦皮質一直處於活躍狀態(假設你一直在思索某個研究問題),靈感可以在任何時刻出現在我們的大腦中。傳說古希臘哲學家阿基米德在洗澡時發現,當他進入浴盆時水位上升了,於是他想到「將金子打造的王冠和同樣重量的金子分別放入相同的池水中,透過觀察上升的水位是否相同,可以判別王冠是否摻雜了其他物質」,這是他一直在思考但還沒有解決的問題,想出解決辦法後,他不禁高興地從浴盆中跳了出來,光著身體跑了出去,邊跑邊喊「尤里卡!(即希臘語 eureka,意為『我發現了』)」果然,經過證明之後,發現王冠中含有其他雜質,阿基米德成功地拆穿了金匠的詭計。後來阿基米德將這個發現進一步總結為浮力理論。如果你洗澡時也出現了這種靈感一現的時刻,建議你立刻用紙和筆記下當時的想法。一定記得要在浴室裡常年放置紙和筆!紙和筆有點過時了?那麼要記得隨時攜帶筆記本電腦啊,不過要確保防水哦!

常聽到學生抱怨,說是讀了很多論文後發現自己的想法基本都被人捷足先登了。還說讀得越多,反而感到研究課題越難、越沒意思。對於一些研究時間較長、較為成熟的領域,出現這種現象其實很正常。下一小節會跟讀者一起探討大家很關心的一個問題:如何選擇博士研究課題?我們的建議是選擇博

士研究課題時應該把注意力放在焦點研究問題上。現在，跟讀者分享一個重要而有效地產生新想法的方法：頭腦風暴。

「頭腦風暴」是指一種會話形式，參加人數在兩個以上，針對討論的問題，大家積極主動地發言，發言內容可以是研究問題的確定、問題的解決方案等。研究生、教授、其他研究者，甚至一些非相關領域的研究者都可以參加。在博士研究期間，能夠建立起這樣一支互相幫助的團隊，對於每個人的研究都會產生重要作用。頭腦風暴雖是一種會話形式，但不必很正式，大家在一起還可以喝點咖啡或茶，甚至喝點小酒兒，因為輕鬆的氣氛有助於活躍思維。頭腦風暴的關鍵在於每個人暢所欲言，不分對錯，相互啟發，群策群力。這期間要記錄下所有的點子，或在白板／黑板上寫寫畫畫，激發大家的形象思維。以後每個新點子都可以分別研究，並可能成為博士學位的研究課題。

如果把「少讀多想」和「頭腦風暴」相結合，效果更佳 (正是所謂的 1+1 > 2)。我們日常在小組會議中會採用這種方法引導學生做研究。通常是這樣，先請一位同學閱讀一篇新發表的論文，其他人不讀。在小組會議上該同學先講述論文中的研究問題。記住，只需闡述清楚研究問題即可。剩下的便留給「頭腦風暴」：如果換作你，你會採用什麼方法來解決這個問題？然後那位同學講一點作者的方法。大家繼續「頭腦風暴」：如果是你，你如何做得更好？這篇論文是否有什麼不對勁的地方？這樣的討論會帶來很多新的想法，甚至更好的解決方案。通常會產生很多原文中沒有提及的想法，這些想法往往值得繼續深入研究下去。

第 3 章　邁出第一步：挖掘新想法，制定總規劃 ▶ *59*

　　你自己也好，組內討論也好，要產生新想法，很重要的一方面就是要大膽。所謂大膽，是指想法完全異於旁人和前人，從某種程度來說，甚至是否定了他人的工作。舉個例子，如果發現前人的工作基於一個錯誤或不合理的假設，你就需要提出一個正確或新的合理假設，以及全新的算法，解決不同的問題。在做研究的過程中，要儘量避免明顯的推導式擴展，因為這往往只能帶來微小的提升，何況這也偏離我們提出的「創新性思考」。例如，同一套算法，不同的參數設置，會帶來不同的實驗結果。如果你只是基於別人算法採用了不同參數，使得算法性能提升了 3%，能認為這是創新性學術研究嗎？我們認為，創新性想法應該是「應用驅動型」或者「問題驅動型」，而不是「算法驅動型」。也就是說，找到一個新的問題並解決之，比找到一個較小的、對已有解決方案的改動要好得多。我們常跟學生說，做研究就要做得有價值。如果想著只靠調整參數就能為別人帶來價值，那研究就失去了原本的意義。

　　在這裡，提供給讀者舉個例子。博士研究生 A1 在剛剛開始做研究時對成本敏感學習很感興趣。讀了許多這方面的論文之後，他寫了一篇關於成本敏感學習的綜述。嘗試寫某一方面研究的綜述是一種值得推薦的開始做研究的方法。後來，這位 A1 同學對傳統成本敏感學習的算法進行了擴展，發表了幾篇論文。縱然如此，但這樣的工作對於一篇博士畢業論文來說還不夠大膽。於是，我們開始進行「頭腦風暴」：站在實際應用的角度，哪些成本敏感學習是真正有用而且還沒有被研究過的？經過多次這樣的「頭腦風暴」，關於不同資料獲取成本的新想法逐漸成形。經過地毯式的文獻搜索和閱讀之後，我們

瞭解到不同的資料獲取成本這一問題還沒有被廣泛研究。之後，博士研究生 A1 便對這一問題展開了深入研究，閱讀相關文獻，查找相應的理論、算法和實例。這也為他帶來幾篇頂級期刊和會議論文，他的博士畢業論文順利通過。而他，稱得上是這一問題的開山鼻祖，後來該問題逐漸開始吸引其他研究者的注意。可以說博士研究生 A1 已經在研究領域佔領了一席之地，他的想法已經像手電筒一樣「照亮」了這一研究領域。

3.5 從想法到畢業論文課題

一個想法可能會為你帶來一篇會議論文，而幾個新想法放在一起或者一個突破性的新想法帶來的影響，可以大到引領一個新的研究領域，或者產生一篇博士畢業論文。選擇研究課題包括博士論文課題是一項複雜而重要的任務，它會影響你未來的研究方向，會影響到你對事業的選擇。4.2 節會講述關於研究和博士論文課題的一些標準，這個標準是由電腦科學家、圖靈獎獲得者詹姆斯·格雷 (Jim Gray) 提出的，所以我們稱它為格雷準則。下面列出要仔細考慮的其他幾項要素：

- **對研究課題的熱情和興趣**　如果缺乏熱情和興趣，做什麼事都無從談起。做研究也是一樣，如果沒有熱情和興趣，我們就不相信你還能讀得進去這些論文，還能積極地跟別人討論。所以，熱情和興趣肯定是第一要素。
- **用其所欲，行其所能**　這是什麼意思呢？即要發揮自己知識或技術上的優勢。數學科班出身嗎？若是的話，你可以考慮理論研究，比如理論模型；如果是統計學出身的話，可以考慮統計模擬、統計最佳化等研究問題；倘若有紮實的設計基

本功,可以考慮做些新設計、新過程的研究;要是有很強的應用背景,就可以考慮些經驗研究和面向應用的研究。

- **課題的新度和熱點** 對於新的熱點研究課題,一個人可以在相對較短的時間內作出創新且具備較大影響力的貢獻。但對於一個研究了幾十年的領域,要在 4～5 年內達到同樣創新且具備較大影響力的貢獻,通常會有些許困難。僅僅是學習瞭解已有的工作就要花上很長的一段時間,再找到新點子、設計實驗等,一個博士階段恐怕做不來。所以,在選擇博士研究課題時,應該要考慮近期焦點課題,或者即將成為焦點的課題,要結合其在研究領域的發展速度。
- **指導老師的洞察力和看法** 對於研究課題的發展,憑藉指導老師多年的經驗,他的看法和觀點會帶給你很大的參考價值。有些研究課題已經趨於成熟,雖然每年還會有零零散散的研究成果發表,但已經很難看到突破性的作品。有些研究課題過於簡單,不夠大膽;又有些研究課題太難,短時間內很難達到博士論文的要求。這些問題,指導老師會比你看得更清楚,所以和指導老師討論如何選擇課題很重要。不過我們想提醒讀者,博士研究是要超越現有的研究成果,在開始真正研究之前,沒有人能百分之百地肯定所選擇的課題能夠成功並達到博士研究生論文的標準。
- **職業傾向** 你將來是想做一名大學教授還是想在公司做一名研究者?如果後者更吸引你,在課題選擇這個問題上,就要多考慮些實驗型研究,因為這種類型的研究更加強調理論應用的新方法。

你接下來可能產生這樣的問題:選擇論文課題,開始探索

這片「未知領域」的時候，有沒有什麼「靈丹妙藥」能確定我做的是否正確？提醒我是否偏離了軌道呢？

3.6 我的博士研究方向正確嗎？

很多剛剛開始研究的新同學經常會有這樣的困惑，這個課題選得究竟好不好啊？我這麼做下去行不行啊？對不對啊？讀者朋友，你可曾被這種困惑煩惱過？還記得本書開始時提到的三項任務嗎？檢驗研究課題的一個重要方法是，在博士研究的早期階段，要儘快完成「探索、發掘新的想法」、「嚴謹做研究」、「撰寫、發表頂級論文」這三項任務的一次循環。

在博士一年級進入尾聲、二年級伊始時，對於感興趣的研究課題，應該開始著手相關研究，並嘗試著發表一些論文。雖說「初生牛犢不怕虎」，但也不必一上來就找老虎下手，可以從一些小而有趣的問題開始，一步一個腳印，紮紮實實、穩穩當當地做研究 (詳見第 4 章)。如果實驗得到的結果還不錯，你就可以嘗試著把這個想法和實驗結果組織撰寫成一篇會議論文，或者篇幅較短的期刊論文，投到會議或者期刊去。會議和期刊的選擇與選擇研究問題同理，剛開始不一定要以頂級為目標 (雖然這種精神值得推崇)，可以投放到一些中等級別的會議或者期刊，作為你邁出的第一步。

我們在前面提到過，研究論文是否被錄用，要經過其他同行研究者進行匿名評審。這種評審制度需要評審者寫下仔細而且往往會有點批評性的審閱意見。如果論文被接受，當然足以證明你的想法和研究課題被同行所認同，你便可以繼續深入研究下去。如果論文沒有被接受呢？那也不必沮喪，其實還是

會有不少收穫，那些評審者的意見都暗示著論文潛在的提升空間。切記一定要投高水準的文章出去，低品質的或者不成熟的文章只會損毀你的名聲。

還有一些其他驗證研究課題的方法，羅列如下：

- 經常與指導老師和學長討論你的研究課題，聽聽他們的看法。
- 與同領域的研究者互通郵件，與其討論你的研究想法。
- 參加會議時，主動找研究者交談，聊聊你的研究課題和想法。與匿名同行評審不同，從面對面聊天中得到的意見一般不會帶有強烈的批評性。
- 查找、閱讀其他博士撰寫的相關研究課題的畢業論文，把他們的研究工作的深度和範圍跟自己當前的工作進行對比。

我們在此重申：在博士研究的早期，儘快完成「探索、發掘新的想法」、「嚴謹做研究」、「撰寫、發表頂級論文」這三項任務至關重要。這不僅為你日後的研究打下牢固的基礎，還能儘早幫你驗證課題選擇的可行性和正確性。作出了正確選擇自然好，萬一選擇不當，你還有足夠的時間去重新選擇。

3.7 儘早制定畢業論文的藍圖

在博士二年級快要結束時，做研究的三項主要任務應該完成了一次或者兩次了，現在你應該開始為博士論文制定藍圖了。粗略地看，這個藍圖更像未來博士論文的目錄 (table of contents)。裡面包括未來博士研究的一系列相關問題，圖 3.4 是一個例子。有人會問：「我怎麼能知道未來博士論文的目錄

Cost-Sensitive Learning with Data Acquisition
- Introduction
- Previous work
- Cost-sensitive learning with feature acquisition
  - Sequential strategies [ECML 2005]
  - Simple batch strategies [AAAI 2006]
  - Sequential batch strategy [TKDE 2007]
  - Considering delay cost [new; ECML 2007]
  - Experiments and applications [in all papers above]
  - Real-world deployment [unfinished]
- Cost-sensitive learning with example acquisition [new]
  - Partial and full example acquisition [KDD 2008]
- Theoretical guarantees of acquisition strategies [unfinished]
- Conclusions and future work

圖 3.4　正確而合理的博士論文結構圖：一個中心論點，多個要解決的子問題，這些子問題所發表的研究論文用 [⋯] 表示。從圖中可以看到有些子問題是後來加入的 (標記為「**new**」)，而有些是未完成的 (標記為「**unfinished**」)

呢？」因為到這個時候，你應該讀了很多相關論文，帶有批判性和創新性的閱讀會給你帶來很多新的研究點子。你也進行了一些研究，所以總結出一篇博士論文中的一系列要研究的問題列表是完全可能的。

　　制定好藍圖之後，在接下來的博士研究過程中，你就可以按部就班地以藍圖中的研究問題為中心展開工作，嚴謹做研究，撰寫、發表頂級論文。但要切記一點，藍圖不是憲法，你不能被它所束縛。比如說，有些研究問題本身可能很困難，時間上的預算不夠用，或者有些研究的實驗結果不足，出現類似這些情況時，大可略過這些研究問題。還有一點，做研究有時也像拆彈，需要冒險，尤其是面對一些未知領域。新問題、相

關的問題總可以加入你的藍圖中,添加時要注意,所有的問題都是針對你論文的中心課題,要衡量清楚每個問題的角色和份量。你最終完成的博士論文與原先制定的藍圖會有 50%～80% 的吻合度。這樣才可能在畢業時,在所處領域作出獨創而重要的貢獻,找到自己的立足點,詳見圖 3.4。

　　回到博士生 A1 的例子,他把研究轉向資料獲取的成本敏感學習之後,我們作為指導老師,一起為他制定了論文藍圖。這個學生很勤奮、很努力,發表了一系列頂級會議和期刊論文。對此,並沒有讓人太感意外,因為他很早便完成了研究的三項主要任務,能夠很獨立、很好地進行研究,撰寫論文。他最後的博士論文更像是相關論文的一個「大團圓」。圖 3.4 正是當初為他制定的研究藍圖。方括弧裡的內容表示所列研究問題的狀態。大寫字母加年份表示就這一研究問題所撰寫的論文發表的時間以及會議訊息。「new」表示這一研究問題是隨著研究的深入而新加入藍圖的,「unfinished」表示在博士論文中並沒有完成相關問題的研究。這個藍圖對研究問題的羅列主次分明。該學生也很靈活,能隨著研究的進行,在不改變大方向的前提下,逐漸修改這一藍圖。值得一提的是,博士生 A1 在最開始做研究時,興趣在於另一個不同方面 (協同學習),但是隨著時間的推移,他的目標有所改變。讀者可以看到,這個計畫中從頭到尾都沒有出現協同學習的影子。這也是對博士論文的要求之一,即要保持研究工作的一致性和連貫性,要以一個課題為中心。

　　博士的研究學習一般都會持續三年到五年時間,要想在學術上作出重要貢獻,找到自己的立足點,這個時間恐怕有些短

暫。所以，系統地制定研究藍圖，時刻以藍圖為中心展開研究對達到目標產生至關重要的作用。

3.8　論文有條，想法有序

　　學術論文是研究者的食糧，博士生不讀論文就像人體缺了水，失去了研究的源泉。必須讀論文，要讀很多論文；必須做筆記，要做很多筆記。涉及這麼多研究問題，涉及這麼多研究方法和參考文獻，如何進行有效地管理？我們兩位作者讀書的時期，還沒有 PDF 這種電子格式，更別說文獻管理軟體。我們把要讀的論文都分門別類，堆成一座座小山。根據不同的研究問題和研究方法，我們用筆標記、區分論文。現在的論文基本都是 PDF 電子格式的，由 Adobe 公司創立。還出現了很多方便的管理軟體，如 Mendeley、Papers 等，都可用於幫助分門別類地管理論文。還有很多電子設備，比如 iPad、Kindle 等，也都能有效地幫助使用者管理文件。

　　當然，這只是我們有限的經驗之談，你大可按照自己的需求選擇這類管理軟體。如果覺得都不夠滿意，還可以自己創建一個，量身訂製，根據自己的喜好來組織管理論文。在進行博士研究的幾年時間裡，有效地使用管理方法和管理軟體可以節省大量時間。

第 4 章

嚴謹做研究

讀者朋友，當你閱讀本書至此時，我們有理由相信你是一個希望能夠做好研究的人，相信你不甘現狀，有能力作出非常出色的研究成果。你準備好了嗎？這一章要講述重中之重：嚴謹做研究。本章內容結構安排如下：4.1 節帶領讀者瀏覽一遍研究的全過程；4.2 節討論如何判定一個想法是否具備研究的價值和潛力，我們講述了一種稱為「格雷準則」(Gray's criteria) 的方法；4.3 節主要探討「格雷準則」的檢驗方法，從想法的形成到論證，我們會用很多實例詳細討論這一檢驗過程如何進行的。本章後續幾小節所討論的是，指導你如何在科研領域佔有一席之地，如何在理論研究型和實驗型研究中做選擇，如何適應團隊合作和跨學科研究的氛圍，磨練自己的溝通能力，並感受這種氛圍帶來的收益。

4.1 研究過程概覽

研究之所以如此複雜，是因為它必須有所創新，而創新的本質是無法精確描述的。著述本小節時，我們醞釀良久而不能下筆。研究之所以為藝術，是因為研究者的風格多姿多彩。簡而言之，研究過程是將研究者對事物的感悟解譯成明確的文字和數字，下面簡要地介紹這一過程。

第一步，為自己確立一個具體的研究問題。不要隨意研究

任何感興趣的問題，而要將精力集中於一個課題。要確保所研究的問題能通過標準的檢驗 (見 4.2 節)，並且是一個具有研究價值和研究潛力的問題。

研究問題確立之後，第二步就要尋求問題的解決方案。我們在此想提醒讀者朋友，針對任何問題，都要準備多個候選解決方案，如果其中一個失敗了可以立刻接著考慮其他方案。把研究問題和解決方案組合成 (問題、方案) 對，這也稱為研究假設 (hypothesis)。

第三步，為了論證研究假設正確與否，要進行理論或者實驗上的反覆推敲。一個負責的研究者要以充分的證據和理由來支持自己的研究假設。可以透過理論和實驗來證明假設的有效性與合理性。

最後是第四步，如果理論推導和測試結果都顯示你的研究假設成立，那麼請為自己鼓掌吧，這一問題的研究暫時完成了！如果二者之中有任何一個結果跟假設不一致時又該怎麼辦呢？第二步準備多套解決方案就是防備這個問題的出現，算是未雨綢繆，使你有機會轉向其他解決方案，重新開始！

針對一個研究問題，最初的解決方案 (第二步) 可能很簡單。這也符合奧卡姆剃刀 (Occum's Razer) 原理：如果對同一個問題，你有兩個假設，它們都能解釋觀測到的事實，那麼你應該使用簡單的那個，直到發現更多證據。有一點不能否認，原因歸咎於解決方法不正確也好，歸咎於問題太複雜也好，研究總有失敗之時。讀者朋友，在你因失敗而責怪這個或怪罪那個的時候，有沒有真正思考過失敗的原因呢？不妨現在跟我們一起分析一下。一開始做研究時，一般會從簡單的解決方法著

手，因為這樣一來符合人們的認知過程，二來時間和工作成本較低，如果真的失敗了也不會很慘。但是不知道讀者朋友有沒有想過，領域內的其他研究者可能很早就嘗試過這些簡單並已被證明不成功的方法，而大多數文章偏偏又只報告正面結果。因此，僅僅靠閱讀那些論文，你並不知道這些簡單方法到底可用不可用。

在我們看來，做研究是一個奇幻的探險旅程。我們可以選擇出發點，但永遠猜不到終點之前的美好。這恰恰是做研究之美，美在隨著研究的逐層推進，我們能不斷地發現問題的提升空間，使得研究工作不斷完善。尋找有價值、有意義的研究問題，尋求更合理、更有效的解決方案，同樣是一個複雜而奇幻的過程。4.5 節介紹了一種行之有效的方法，有助於讀者建立起研究問題和解決方法之間的聯繫，稱為「棋盤法」(The Matrix Method)。由於這種方法具有啟發性的優點，我們相信，使用這種方法，你一定能夠找到新的研究問題或者研究問題的新的解決方法。

我們如何驗證提出的研究假說是正確的呢？如果有人問：「你怎麼證明三角形內角和是 180°？」你的證明方法可能會有很多。同樣地，在研究中，論證一個假說是否正確也存在很多種方法。一種方法是純理論方法，即用數學表達式傳達假說的內容，使用邏輯推理和數學推導證明假說的成立。這種方法通常設立一些假設條件，這樣才能使得證明過程得以進行。這方面最具代表性，同時也是最重要和最經典的工作，是寫於西元前 300 年的《幾何原本》。一般的理論證明過程如下：先給出一些定義和基本假設條件 (也稱做公理或原理)，比如兩條平

行線永遠無法相交於一點等,再使用邏輯推理對命題和定理進行證明,包括勾股定理。一旦某個定理被證明正確,它就成為「真理」而存在,無可置疑,也不再需要實驗的證明。理論證明自然很美,但這種方法存在兩個問題:一是最初提出的假設條件究竟是很寬泛還是很具體,是否符合現實要解決的實際問題,這常常值得商榷。二是證明的結果不管正面也好,負面也好,到底能對人們的日常生活最終帶來多大影響?這還要視具體結果而定。

還有一種方法,稱做實驗型研究。這種方法與理論研究的不同之處在於,實驗型研究更貼近應用,實踐性很強。因此,你最好能解決目前還不能解決的「大問題」或者稱為「殺手級」的應用問題 (killer applications),一旦解決了這種問題,會為人類帶來巨大的收益。如果你有一些天馬行空的想法,不要覺得不切實際,而要大膽動手試試,努力讓你的解決方案能夠在很大程度上對很多人帶來直接利益。實驗性假說可以用自然語言陳述,英語、漢語等都可以。至於論證方法,則可以透過在模擬資料或者真實資料上的實驗結果來證明。實驗對象沒有限制,可以是人、動物、植物、材料等任何適合的物體。電腦模擬也可以參與到實驗中,被大家所熟知的用電腦程式驗證就是一種論證方法。做實驗時,有一點對研究者來說非常重要,那就是觀察分析實驗結果,尤其是一些有趣和異常的結果。這需要研究者擁有一雙「二郎神的天眼」!這也是一項很重要的技能,它能夠在觀察過程中發現新的研究假說,這種方法可以和我們提到的「棋盤法」並用。

實驗會涉及不同的方法、不同的資料集、不同的參數等。

這就帶來一個問題：為了證明新設計或者新方法比現有方法好，我們要把方法、資料集、參數做個排列組合，每個組合都要做一遍實驗嗎？很多時候，排列組合的結果數量非常之大，以至於無法逐個做實驗，這時該怎麼辦？對於一些無法進行實驗的現有設計和方法，該如何對比呢？怎樣才能用有限或「少量」實驗讓別人信服你的結論的可靠性呢？實驗型研究的可信度，可以使用統計學中的「顯著性檢驗」(significance tests) 來測量。顯著性檢驗是統計學中一個非常重要的概念，它在訊息檢索中非常典型的應用，是用於比較兩組實驗結果 (由兩個模型產生) 是否具有顯著性差異。

簡單地說，顯著性檢驗是統計學中測試過程中的一個階段，用來檢驗實驗結果 (比如，你的實驗結果好於現有方法) 的產生是不是具有偶然性。4.4 節將詳細討論相關內容。想要通過「顯著性檢驗」的考驗，一次實驗結果一般不足夠，往往需要重複實驗多次。除此之外，還要儘量做到在實驗條件完全一致的情況下，對不同方法進行直接比較 (head-to-head)，也就是人們平常說的「單挑」，即把你的方法與現有的解決相同研究問題的所有方法逐一比較。

4.2　格雷準則 (Gray's criteria)

很多人都把做研究看做一個神聖而崇高的職業，看做一個真正可以青史留名的職業，希望能像耳熟能詳的科學家牛頓、伽利略、愛因斯坦等人那樣。但是，對於剛剛開始做研究的學生來說，研究既是一個美妙的探險之旅，又是一項需要傾注全心的艱苦事業。先來說說為什麼做研究是一個美妙的探險之

旅。

先給讀者朋友講一個小故事。本書作者之一楊強教授曾聽過 Charles Townes 教授的講座，這位美國物理學家在 1964 年獲得諾貝爾物理學獎，該獎項用以表彰他從事量子電子學方面的基礎工作，這些工作為後來基於微波雷射器和雷射原理製成的振盪器和放大器的誕生作出了傑出貢獻。1982 年，Charles Townes 以吉米・卡特總統的代表的身分第一次訪問中國。那時剛剛從北京大學畢業的楊強教授有機會在中國見到了這位諾貝爾獎獲得者。一次，Charles Townes 教授舉辦了一個研討會。當他在會上談起自己的第一次發現時，似乎還沉浸在彼時的喜悅和興奮中。他的第一次發現是一條魚，他說他小時候經常去釣魚，有一天釣到了一條魚，卻怎麼也查不到這條魚的魚種，不知道是條什麼魚。於是他寫信到史密森學會 (Smithsonian Institute) —— 美國一系列博物館和研究機構的團體組織，去詢問。幾日後，史密森學會回信說：「恭喜你，Townes 先生，你發現了一個新的魚種！」讀者朋友，如果你小時候能收到這樣一封回信，想必你連做夢都會笑的。

發現新奇事物乃是從孩童時代就開始的一大樂趣。前面幾章不斷地提到，正是因為以創新和發現為樂趣，人們才會選擇做研究。創新、發現，這是我們從小便開始修築的夢。這一章的內容是本書的重點，我們不僅想要告訴讀者朋友如何做研究，如何做好研究，如何讓自己變得更出色，還想告誡讀者做研究光有夢想不夠，光有好奇心也不夠。要把研究當成自己的生活，像魚兒離不開水、白雲離不開天空一樣。魚兒能歡快自由地在水中游弋，白雲也能在天空綻放美麗，而我們的研究工

作可以像夏日夜空中的繁星閃閃，照亮黑暗。我們的研究對世界的影響，對人類認知水準的貢獻，會為社會進步帶來很大的推動力。這一切都是從事研究工作好的方面。不好的方面呢？有研究進行得不順利，或者始終沒有研究成果，研究者因此變得沮喪、缺乏生機，如同失水的植物。

　　一旦有了做研究的動力，首要任務便是為自己選擇研究方向和課題。就像油箱滿滿的汽車，蓄勢待發，但也要給它一個出發的理由。選擇這個理由的過程一定要以興趣為首要因素，同時結合自己的未來打算。我們曾經提到過，選擇一個好的研究課題要進行很多調研工作，比如與領域內專家交談，查閱感興趣領域的論文和工作等。完成這些調研工作之後，如果你同時對多個領域的研究都感興趣，那又該怎麼選擇呢？成功的研究者是如何選擇研究領域的？為什麼同樣背景的人，有些人成功，有些人影響力大，而有些人兩者都不是？成功的研究者才華橫溢，技巧熟練，其共同點還在於能幸運地找到一個好的研究方向，他們對研究問題提出的解決方案，能夠讓人們以新的視角來認識世界。希望透過對本小節的閱讀，讀者朋友能學會如何判斷一個研究問題的價值和意義。

　　我們兩位作者跟許多成功的、有威望的研究者交談過，也曾聆聽過他們的講座。評判高影響力研究的標準是由吉姆・格雷 (Jim Gray) 總結出來的，他是一位偉大的電腦科學家，1998年，吉姆・格雷因資料庫方面的開創性貢獻而獲得圖靈獎。2009年出版的《第四範式：大資料時代的科學發現》一書是其有關思想的絕佳體現。吉姆・格雷是大資料浪潮中當之無愧的先驅。1999年，在圖靈獎頒獎典禮上，他提到一個好的研

究問題應該具備以下幾個條件：

- 明顯的益處；
- 描述簡單；
- 尚不具有明確的解法；
- 解決方案具備可測試性，大問題可以拆分成多個子問題，能觀察到每個子問題的進程。

我們在本書中稱上述為「格雷準則」。

格雷準則的第一項是說問題應具有「明顯的益處」。一個好的問題，首先應該對社會及科學領域有所貢獻。這應該是一個不爭的事實。這裡要說的是，第一項「明顯的益處」和第二項「描述簡單」是緊密相關的。一個問題如果重要，描述起來也往往非常簡單。比如，如何發明一種新的藥品，能夠更好地抗癌？這樣的問題，在大街上隨便找一個路人，都可以用一兩句話說明白的。我們常常和學生講，當你找到一個研究問題後，首先去給你的祖母講講看（假設學生的祖母不是研究這一行的），看一看是不是能講得簡潔、明白。商業上有一種說法，叫做「電梯描述法」(elevator talk)，大意是說，如果你有一個對公司非常好的主意，平時又沒有機會向公司高層表述，那麼，你應該試圖在坐電梯的一分鐘內把它清楚、明白地講出來。因為，不知道你哪天坐電梯上班時，會恰好趕上公司總經理也搭乘同一部電梯——這樣的天賜良機可千萬不要錯過啊！

格雷準則的第三項，是要求你提出的問題「尚不具有明確的解法」。換言之，你提出的問題既要具有一定的難度，又要新穎。一個研究問題，如果在你前面已經有多人都曾提出過不

第 4 章　嚴謹做研究 ▶ 75

錯的解決方案，那麼這個問題也就不具備新穎性了。

　　我們現在以電腦文字處理 (word processing) 為例向讀者更詳細地解釋格雷準則的應用。假設有個學生對文字處理技術的研究非常感興趣，這項技術有明顯的益處，表述也很簡單。隨著科技的發展，很多文字處理軟體應運而生，使得文字處理在目前已不算一項困難的技術，大家對此都很瞭解。這樣對應到格雷準則的第三項，現在再來進行這項研究就不具備很高的影響力，除非它比現在的文字處理軟體能在很大程度上提高人們的工作效率。

　　下面試想另外一種情況，假設這個同學提出了這樣一個想法：開發一個新的文字處理軟體，與現有軟體不同的地方在於，用語音輸入代替鍵盤輸入。這一想法具有很明確的益處，造福很大的獲益人群，比如雙手殘疾不能打字的人。表述起來也簡單。這個問題，靠拍腦袋想不到解決方案，因為在語音識別領域的研究中，還沒有一項高性能的語音識別技術，識別的準確率依然不夠高，這嚴重影響了軟體的準確程度。新軟體的開發過程也具備可測試性：請幾名測試人員用語音輸入，看能否產生正確的文字結果。再來看看這一想法能不能分解成幾個小問題。顯而易見，我們可以將其分解成音素識別 (phoneme recognition)、語句識別 (sentence recognition)、語法識別 (grammatical analysis recognition) 和容錯能力 (fault tolerant) 等小問題。這樣看來，格雷準則的每一個門檻都通過了，這個想法，至少在多年以前，應該還算得上一個不錯的研究方向。

　　還記得三個典型博士生的例子嗎？博士生 A 對基礎性和

學術性較強的研究有著濃厚的興趣。前文用了不少筆墨描述博士生 A1，如果讀者朋友記不清了也沒關係，本章以博士生 A2 為例。A2 也屬於博士生 A 類型，但是相較於 A1 具有不同的特點。博士生 A2 選擇研究課題時遇到的問題是這樣：我要怎麼做才能超過當前學術性研究中最優秀的工作？

查閱大量論文後，博士生 A2 發現遷移學習 (transfer learning) 是一個很吸引人、很有價值的研究課題。遷移學習研究的內容是如何能夠讓電腦不但具有像人類一樣的自學習能力，而且還能把在一個領域透過學習獲取的知識成功地遷移到另一個相關領域中。換句話說，遷移學習賦予電腦學習和記憶的能力。這種能力不僅能應用到所學領域，達到「種瓜得瓜，種豆得豆」的效果，還可以應用到其他不同但是相關的領域，觸類旁通。這樣，電腦就能變得更加智能。比如我們可以使用文本資料訓練電腦對文本分類的能力，這一能力也能遷移到圖片資料的分類問題中。

遷移學習這一研究課題具備心理學和教育學的基礎，也是人類認知和智慧的體現。遷移學習一般泛指先前情境所學習到的知識、技能和態度，能影響另一個相似情境或新情境的學習的現象。在學習過程中，遷移是不可避免的現象，因為孤立的彼此互不影響的學習並不存在。舉例來說，我們下象棋時會不知不覺地學習到一些軍事常識以及戰爭策略。

博士生 A2 認為遷移學習這一課題非常值得研究。他對如何將文本資料中學習到的模型成功遷移到圖片資料中，從而幫助解決圖片資料的分類、聚類等問題尤其感興趣。有了興趣點，他便開始進行遷移學習方面的文獻檢索工作，總結歸納現

有的研究工作，同時檢驗這一研究課題是否符合格雷準則。

這一研究課題對於電腦科學領域，比如資料發掘、機器學習等研究方向能夠帶來直接的益處。我們現在熟知的搜索引擎、社交網路應用以及一些金融方面的資料分析所使用的算法，大部分歸功於資料發掘和機器學習的研究工作。而這些算法的好與壞取決於標註資料的品質。標註的資料越多越精準，算法當然就會越精準，隨之帶來使用者滿意度的提高。借助人工來標註資料，不僅是一件費時又費力的工作，而且每個人的標準都不盡相同，標註的資料不可能都保證精準度。如果想得到精準的算法該怎麼辦呢？這個時候遷移學習的優勢就體現出來了。遷移學習具備把在一個領域學習到的知識遷移到其他相關領域的能力，以減少對標註資料的依賴。回到博士生 A2 的研究問題，將從文本資料中獲取的知識遷移到圖片資料問題中，可以使得線上多媒體系統能夠更快、更準確地對圖片資料進行分類，降低了人工標註的成本。

這個研究問題也很容易表述。如果表述對象是普通的電腦使用者，我們可以這麼說，在使用搜索引擎時，遷移學習能夠融入個人喜好，使得搜索結果更加個性化；如果表述對象是信用卡使用者，則可這樣說，有了遷移學習，信用卡異常消費、欺詐的檢測會更加快捷準確。對於博士生 A2 的問題，我們可以這麼表述，利用電腦對文本類資料的處理技術，現在已經很成熟了。為了讓電腦能夠對圖片進行正確分類，我們可以把專注在圖片周圍的文本資料交給電腦，因為這些文本基本上是對圖片的描述，所以從文本資料中學習的模型便能夠幫助電腦對圖片進行分類。比如，我們可以回答：一張圖片真的相當於

一千個文字嗎？這個研究想法表述起來不過只用了如此簡單的兩句話而已。

　　事實上，我們每天都在進行著遷移學習，只不過沒有電腦表現得那麼明顯。這裡，不妨給讀者朋友講一個遷移學習的有趣事例。艾森豪威爾將軍喜歡打橋牌。在第二次世界大戰中期，他指揮數十萬盟國軍隊，準備在諾曼第登陸，向德軍大舉反攻。此役關係重大，戰爭爆發前夕，整個參謀部都十分緊張。為了減輕勞累、放鬆情緒，艾森豪威爾將軍與參謀人員打了幾局橋牌。在一手牌中，他使用了一種利用己方人數優勢使敵方無法保存實力的方法。這時他從中得到啟發，突然站起來叫道：「對！緊迫法。」於是馬上召開軍事會議，對戰役作了重新調整。這一戰役最終以盟軍大獲全勝結束。繼續回到我們的正文，資料發掘和機器學習的研究問題一般都作這樣的假設：訓練資料和測試資料在形式上或者分佈上是相似的。而這一假設在博士生 A2 的問題中就不再成立了，一個是文本資料，一個是圖片資料，兩者存在明顯不同。

　　再來看看這一研究問題是否具備可測試性。很明顯，文本資料和圖片資料之間的遷移具備可測試性。在測試最終結果的過程中，可以將正確分類的圖片所佔的百分比作為評價標準之一。這一評價標準類似於 $F = f(x)$ 這樣的函數形式，x 是交給電腦的文本資料的數量，f 是圖片的分類結果，這一結果可用圖表形式表示。

　　準則的最後一項，即可分解性。將研究問題拆分成幾個子問題來研究的目的是能夠讓我們觀察到中間結果，而不是只看到最後結果，如果最終結果不對，也利於查找錯誤。博士生

A2 在研究工作的開始,借助已有的文本到圖片的「翻譯器」進行自己的研究。隨著研究的展開,他可以利用自己設計的算法和模型從資料中學習「翻譯器」。最後,博士生 A2 為了觀測遷移學習系統的整體性能,在實驗設計方面還考慮了變化文本和圖片的類型。

關於 A 類型的博士生先講到這裡,下面來看看 B 類型的博士生 (實驗型研究)。博士生 B2 對大規模應用性的研究問題感興趣,打算畢業後能夠到工業界的研究部門工作。如何將遷移學習應用到大規模資料中,就成了博士生 B2 的主要研究問題。如何才能做到大規模應用呢?他首先把眼光投向了搜索引擎。一個想法漸漸在他腦中成熟:搜索條目分類,即自動將使用者輸入的搜索條目分類。舉個例子來說,假如使用者想要搜索「酒店」,系統便能推斷出使用者可能有商務旅行,可能會對一些商務旅行用品感興趣。這時如果將一些旅行用品廣告連同酒店的搜索結果一起返回給使用者,不僅方便使用者,也可使廣告公司受益。讀者朋友,你有沒有開始思考這個場景下,遷移學習的作用發揮在何處呢?是這樣,如果將遷移學習應用到此場景,會使得資訊檢索和廣告推薦兩者相輔相成,互惠互利。這項研究會為研究者開拓一片新的研究領域。得益於現有的標註資料,透過遷移學習,可以將搜索條目分類擴展至新的應用領域。為了展示這項創新,博士生 B2 計劃依靠搜索引擎公司所擁有的大規模資料的優勢,建立一個大型的基於遷移學習的資料發掘系統。因為公司的資料並不能公開訪問,為了方便資料的使用,博士生 B2 決定以實習生身分到搜索引擎公司工作一個學期,以便實現自己的研究想法。

C 類型的博士生又是怎樣的情形呢？下面來看看吧。C 類型的博士生對實際應用和創業很感興趣。博士生 C2 畢業以後想創業，所以在研究方向的選擇上，他更加注重商業性的應用問題。為了給以後創業做準備，他希望在讀博士期間能夠積累較多的商業應用經驗，所以最後選擇了線上廣告推薦這一研究課題。廣告是一門科學，也可以稱得上一門藝術。廣告不僅僅以商業為主要載體，它涉及的領域非常廣闊，包括經濟理論、遊戲理論、人與電腦的互動、人工智能和資料發掘等。如果要細說廣告，又能寫一本書了，所以這裡就不再深入介紹了，有興趣的讀者可以去翻閱一些相關書籍。以廣告推薦為研究課題，那真算得上是跨學科研究。為了擴大社交圈，博士生 C2 參加了很多學術和商業會議。他尤其不肯放過那些側重商業應用的研討會，經常以學生志願者身分參與其中。

　　格雷準則中最重要的一項是可測試性。時至今日，很多研究方法都基於系統構建和實驗性測試。結合格雷準則，我們不妨增加一個第五項：

● 要確保研究中資料獲取的可靠性以及足夠的數量。

　　這樣，便有了格雷準則+：即原有的四項再加上這一項對資料的要求。我們遇到過很多學生，不管是自己直接指導的還是間接指導的學生，他們擁有很棒的想法、算法、定理和構建好的系統，但往往會卡在沒有資料這一點上，真是十分可惜。

　　使用可靠的資料，對於研究來說不僅可以提高工作可信度，還能增大工作的應用範圍。很多同學做研究時，由於找不到可靠資料，只能依賴一些人工製造的資料，從而大大降低了研究工作的可信度。舉例而言，在電腦科學工程領域，資訊檢

索方向的學生在設計算法時可能會依賴使用者的搜索歷史,而這些資料屬於搜索公司,而非公開資料。這就會造成很多同學的研究工作被卡在資料這一點而無法進行。怎麼解決這個問題呢?一個辦法是積極尋求與公司的合作,比如去相關公司實習,獲得與這些公司的研究部門合作的機會,接觸到所需的資料。 事實上,這種實習模式已經成為很多博士研究生執行自己研究計畫的一個有效方法。當然,也要準備透過實驗手段,自己去收集一些資料,儘管這樣收集的資料可能有限。今天,利用 Web 2.0 也可以收集到各種資料,比如,Crowdsourcing 網站,諸如亞馬遜的 Amazon Mechanical Turk 網站。

4.3 棋盤法 (The Matrix Method)

格雷準則的最後一項強調,一個好的研究問題要能被拆分成幾個子問題,這樣,研究者可以觀察到每個子問題的結果。可能有人會有疑問:「我只關心最後結果,中間結果對我有什麼意義呢?明明可以一條道走到底,為什麼要在中間走走停停呢?」讀者朋友,你也是這麼想的嗎?對於研究者來說,每一步結果都至關重要。這些子問題像是串聯電路中的每個小部件,每個小部件的輸出都會直接影響到整個電路性能,一個小部件斷路,整個電路就可能垮掉。

「如果說我比別人看得更遠些,那是因為我站在了巨人的肩上。」

——牛頓

雖然這句話經常被應用於描述新的發明創造,但我們認為

它也適用於研究計劃，站在現有工作的肩膀之上，讓自己的研究工作更加深遠。

有一種很有效的方法，能夠清晰而有條理地刻畫出研究工作的大體脈絡，從而便於見縫插針地找到新的研究課題，我們稱之為棋盤法。在圖 4.1 中，可以看到一個 4×4 的棋盤，橫軸代表相應的研究領域用到的不同方法、方案和技術，縱軸表示要解決的研究問題，或者說潛在的研究問題。具有相關性的研究問題要按照順序排放，無相關性的研究問題可以隨意擺放。

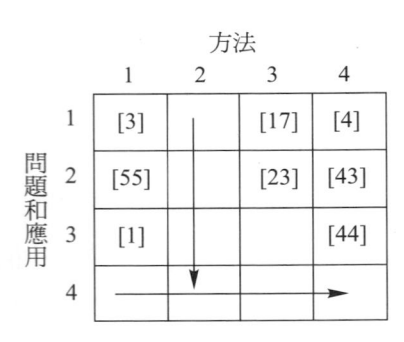

	方法 1	2	3	4
1	[3]		[17]	[4]
2	[55]		[23]	[43]
3	[1]			[44]
4				

圖 4.1　棋盤法舉例

棋盤準備好了，來看看這盤棋究竟應該怎麼下，即我們的解決方案之具體實施策略。前述章節曾經舉過一位對機器學習和資料發掘感興趣的博士生的例子，現在仍以這位博士生為例，詳細講述棋盤法。

假設這位博士生的研究方向是代價敏感學習 (cost-sensitive learning)，這是機器學習的一個分支。所謂代價敏感學習，是考慮在電腦的學習過程中，如何最小化各種錯誤代價的總和。

具體來說,從資料中學習出的模型也會出現各種類型的錯誤,要想降低錯誤率,就要付出各種代價,代價敏感學習關心的就是如何使得各種代價的總和最小。這一研究問題的重要性在於解決資料的不平衡性。顧名思義,不平衡性是說某些類型的資料非常多,其他類型的資料非常少。資料的這種不平衡性是一種自然現象,在研究中不可避免。回到我們的例子中,做研究要以廣泛而全面的文獻檢索為開始。不知道讀者朋友是否還記得,這一點曾在第 2 章中強調過。現在,假設這位博士生已經把代價敏感學習領域拆分成以下幾個更小的研究問題:代價已知的代價敏感學習,代價未知的代價敏感學習,代價伴隨著未知資料獲取的代價敏感學習,資料流的代價敏感學習。在橫軸上,也就是方法維度,有貝葉斯分類方法 (Bayesian classification methods)、整合方法 (ensemble methods)、密度比例方法 (density-ratio methods)、分割 (partition) 或者基於樹的方法 (tree-based methods) 等,此外還有很多線上學習 (online learning) 方法。

下面開始往棋盤放「棋子」了。每一個格子可以代表一篇或者多篇論文,如果是多篇論文,那麼這些論文所討論的研究問題和使用的方法應該是相似的。如果讀者朋友平時閱讀論文時有使用文獻管理軟體的習慣,不妨把論文標號 (比如 [3] 等) 直接填入格子,這能方便以後的查找。除了標號外,閱讀論文時的筆記,如論文的優點和缺點等可以一併寫進去。在任何一個研究領域,我們都能找到一些或新或舊的綜述性、評論性文章,這些文章對於文獻檢索,甚至展開自己的研究都有著極大的參考價值。順藤摸瓜,我們便能很快把精力集中到某些研究

領域中。文獻檢索工作完成之後，你會發現棋盤上有些格子空空如也，這對你來說是個好消息，因為這表示，要嘛對應的研究問題還沒有被研究過，要嘛就是對應的方法還沒有被採用過，如圖 4.1 中第四行第二列 (4, 2) 和第三行第三列 (3, 3) 的格子。

這些空格子能帶來什麼啟發呢？先看格子 (3, 3)，這個空格子提供給博士生一個非常好的研究機會，用我們的話說就是「嚐嚐鮮」，嚐嚐研究的「鮮」。想要練練手的話，這位博士生可以將標號為「[3]」的方法應用到標號為「[3]」的研究問題上。由於這項工作為一個重要的研究問題提出了一個新的解決方案，機器學習領域的其他研究工作也會受益於它所帶來的影響。

平時我們跟學生聊起這個方法時，有些學生會對此將信將疑。其實，這個方法用起來真的很有效。我們兩位作者有時也會採用此方法來搜尋尚未有人開採的「研究金礦」。所以，讀者朋友，如果論文讀得有些頭昏腦脹了，不妨跟著我們的方法畫畫棋盤。當你看到一個空格子時，就為自己鼓掌吧，因為你已經打開了一扇研究之門。請暫且按捺一下激動的情緒，因為棋盤法的美妙之處不僅如此，還有更大的驚喜等著你呢，請耐心讀下去吧！

下面為讀者提供一些例子。博士生 A2 的理想是做一名大學教授。在為自己確定博士研究課題時，他發現遷移學習領域的研究方向都很有意思。圈定好大領域之後，他開始尋找其中對自己未來職業有幫助的研究課題，作為自己的博士研究課題。查了很多相關期刊、會議和論文後，博士生 A2 列出了以

下幾個遷移學習的研究問題：相同特徵空間資料間的知識遷移，不同特徵空間資料間的知識遷移，不平衡資料間的知識遷移和具備多個輔助領域的知識遷移。在 X 軸方法維度上，有下面幾種方法：基於實例的知識遷移、基於特徵的知識遷移、整合多個模型的知識遷移和多個學習任務間的知識遷移。把所閱論文中涉及的研究問題和對應的解決方法填入棋盤後，博士生 A2 發現很多研究工作都集中於基於實例的方法，不同點在於有些工作是解決相同特徵空間資料間的知識遷移問題，有些工作是解決不同特徵空間資料間的知識遷移問題。然而，「多個學習任務間的知識遷移」這個方法維度下的研究工作並不是很多，尤其是針對不同特徵空間資料間的知識遷移問題。有了這個發現以後，博士生 A2 就找指導老師和一些高年級的博士生討論這一想法。最終結論是，用多個學習任務之間的知識遷移解決不同特徵空間資料間的知識遷移這一問題值得嘗試一番，值得展開研究工作。得到了指導老師和學長的肯定，他更加堅定了信心。於是，便開始制定研究計劃，給出了一些可行的解決方案，並找到了合適的資料來進行實驗。後來的故事怎麼樣了呢？最後，博士生 A2 發表了多篇論文，並完成他的博士工作。

一個關於博士生 A2 的圓滿故事講完了，再給讀者講一個關於博士生 C2 的故事。博士生 C2 與博士生 A2 不一樣，他對實際的工業應用和創業很感興趣。所以在研究課題的選擇上跟博士生 A2 有些許不同，但棋盤法依然奏效。開始自己的研究工作時，他覺得推薦系統 (像亞馬遜的 Amazon Mechanical Turk 這類網站) 這一課題，不論是站在研究的角度，還是站在

應用的角度都有著重要意義。經過詳細調研，他總結出推薦系統下存在以下幾個研究問題：基於密集矩陣的推薦，基於稀疏矩陣的推薦，使用使用者和商品的外部本體進行推薦以及帶有時間信息的演化推薦 (evolutionary recommendation)。在方法維度上，他列出了三種方法：基於使用者的推薦方法，基於產品的推薦方法，基於模型的推薦方法。將這些方法和相應的研究問題填入棋盤，這一研究問題的研究現狀便一目瞭然了。這時，博士生 C2 發現使用「基於模型的推薦方法」解決「帶有時間訊息的演化推薦」問題這個格子還是空的。而這一研究問題並沒有因為缺少既有研究工作而失去吸引力，相反地，如果能夠在這個問題上作出成果，將會給一些線上購物網站帶來巨大的商業價值。同樣地，博士生 C2 與指導老師和一些研究者，其中包括一位就職於知名研究部門的研究者，討論了他的想法。大家對此歸納出了肯定性結論。於是他便開始了關於推薦系統的研究，他的研究工作在浩瀚資料的測試下，使用業界公認的評價方法能達到很好的效果。就此工作，他成功申請了專利，還為一家公司寫了一份商業計劃書。

4.4　展開研究

一旦確立了研究方向，從開始做相關文獻檢索的那一刻開始，就表示你已經準備好著手研究了。做研究第一個要解決的問題就是描述研究目的，如果要求你用一句話描述研究目的，你會怎麼說？用一句言簡意賅、通俗易懂的話說出自己的研究目的，能讓你明白所研究的問題除了自己覺得有趣之外，是否也對他人具有重要意義。這句話既不能寬泛到可以作為百科全

書的副標題,也不能範圍太過狹小,以至於找不到足夠的資料來支持論點。比方說,你為了展示能設計出比谷歌更好的搜索引擎,就要具體說明怎麼個「好」法以及「好」在哪裡。或許你可以這樣形容自己的觀點,「在搜索算法中加入社交網路這一因素,會比不考慮社交網路的搜索算法,帶來更加精準的搜索結果」。這樣表述觀點的好處在於簡單明瞭,即使不是電腦科學領域的人也能明白,也能從中聽出一些蛛絲馬跡,進而判斷這樣做究竟有沒有道理。如果想表述得再具體一點,可以這樣講:我提出的搜索算法 ABC 不僅考慮頁面與頁面之間的連結關係,還會把使用者所在的社交網路納入考慮因素。希望加入這部分社交網路的資訊,能夠產生比沒有這部分資訊的谷歌 PageRank 的算法更加精準的搜索結果。

具體翔實地表述研究工作有很多好處,歸納為以下幾點:第一,研究工作表述得越具體,其所涉及的一些關鍵環節就會越吸引其他研究者的注意力。當你用心地思考如何具體闡述研究工作時,會越發覺得自己應該站在讀者的角度去表述,考慮到底如何表述能夠更清楚,能使得讀者重新完成該工作時可將每條線路都把握得清清楚楚,甚至一點疑惑都不會產生。第二,當你無法將研究工作表述得具體得當時,有沒有想過這很可能是自己尚未將該工作理解透澈?否則,將研究工作像講故事一樣具體生動地說出來應該很容易。在講述過程中,你自己也會意識到這項工作應該跟哪些方法去作比較,應該採用什麼評價方法。

還採用上例,在陳述 ABC 算法時,如果算法有這樣的一個理論證明說,無論 PageRank 產生怎樣的排序結果,你的

ABC 算法產生的結果總不會差過 PageRank。光有理論證明說服力還不夠，還需要採用一些業界廣泛認可的評價標準。比方說，ROC 曲線下的面積 (area under the curve, AUC) 是被廣泛認可的評價排序算法好壞的標準，除此之外，還有 NDCG (normalized discounted cumulative gain)。不論採用什麼評價標準，得出的結果應該與理論證明結果一致，即你的 ABC 算法得出的排序結果要好於 PageRank 的結果。如果研究項目偏理論型，你需要確保理論證明的每一步都有相應定理和推論的支持。

很多研究工作，除了依靠理論證明外，還可以採用實驗性證明方式。這種方式可能不需要熟悉很多定理，但在實驗設計時要注意以下幾點：首先是實驗資料。如果算法是整篇論文的骨架，實驗資料便是賦予骨架活力的血液。算法設計得再好，如果找不到資料做實驗，那算法仍然是一具沒有生命力的骨架。每一類算法都有很多公開的資料集，這些資料集都很大，有時其中會包含一些雜訊資料，有時會有資料集不完整的情況。如何把這些不完整並且很大量的資料處理成符合算法要求的實驗資料，是我們在做實驗前首要解決的問題。舉個例子來說，假設你提出了一個新的搜索算法，這個算法的優勢在於能夠利用使用者的搜索歷史提高搜索結果的精準度。在做實驗時，就需要搜索引擎中保存的使用者搜索歷史資料，這類資料不僅是浩瀚資料，而且非常不完整。難道需要把所有的資料都用來做實驗嗎？顯然沒有這個必要。只需從中採樣一部分有效資料，確保抽取的這部分資料的分佈與實際情況相符，實驗時採用這部分資料即可。什麼樣的資料才是與實際情況相符的資

料呢？如果採樣資料在時間跨度上有一年，那麼就要確保每個月的資料量分佈均勻。如果獲取的原資料集是由多個分佈不同的小資料集組成的，那麼抽取要在每個小資料集上獨立進行，不能混在一起進行採樣。切分資料時，建議採取分層方式將大資料集切分成多個小資料集，這樣可使每個小資料集上的資料符合隨機且均勻分佈的特點。一般來說，抽取的資料能夠再現原資料的分佈情況。如果讀者遇到的資料集呈現更加複雜的情況，不確定性因素太多，則可使用蒙特卡羅 (Monte Carlo) 方法採樣。蒙特卡羅方法可以根據輸入參數反覆運行模擬器從而確保抽取的資料符合元資料的分佈。

除了實驗資料的清理這個問題外，在實驗設計中還有一個重要問題，就是參數 (parameter) 的設計和調節。我們鼓勵讀者儘量使用自由參數 (free parameter)，又叫做獨立參數 (independent parameter)。顧名思義，這類參數具有獨立性，不依賴任何其他參數而存在。做實驗時，這種類型的參數對最終實驗結果 (以上例來說，就是搜索算法得出的排序結果) 的影響能夠直接觀察到，這一點對於理解模型或者算法都很有幫助。如果算法涉及多個自由參數，想觀察每個參數對算法的影響，就要在調整其中一個參數的同時，保持其他參數不變。我們還是用搜索引擎的算法設計那個例子來說，算法涉及的變數有頁面數量、連入頁面的連結數量、連出頁面的連結數量、頁面內容的多少，以及頁面內容所論及話題的數量。所有參數都設定的那一刻會產生相應的實驗結果，這一實驗結果有如用相機「咔嚓」一聲攝下的我們生活著的世界的一張影像。其實每一組參數都對應著一張影像。在為算法調整參數的過程

中，每次變化其一,而保持其他參數不變,如此對應一個參數會產生多個結果。這些結果構成了以這一變參為橫軸、以評價結果為縱軸的曲線。與此同時,作為你的 ABC 算法的比較對象, PageRank 也能畫出相應的曲線,如果一切沒有差錯的話,讀者便能夠從你論文中的曲線圖中看到算法 ABC 要優於 PageRank 算法。

有時候,即使採用了恰當的評價標準並且比較了其他算法,也不足以使得論文的閱讀者信服。讀者朋友不要詫異,這種情況的發生並不新鮮。那還需要做些什麼工作才能增加算法的說服力呢?還是以搜索算法 ABC 為例,除了採取業界廣泛認可的評價標準和足夠的對比算法外,可能還需要找些使用者切實地對搜索結果進行人為判斷。具體而言,我們需要整理出一些在其他研究工作中經常用到的搜索條目,人為地判斷算法 ABC 對這些條目返回的結果。這些擔任「評審者」的人不能隨意挑選,大街上隨便拉來的張三、李四是不符合要求的。在選擇時,要確保這些人具有公正性、獨立性以及不同背景。「評審者」的選取也是一門學問,如果讀者朋友的研究工作涉及這方面的內容,我們還是建議讀者找些心理學方面的書籍作為參考。

不知道讀者朋友有沒有真正動手做過相關的研究實驗呢?如果有,那這部分內容你應該相當熟悉;如果沒有,希望這部分內容能在你未來的實驗道路上發揮些作用。準備實驗時,通常將資料進行分組,一部分作為訓練集 (training set),一部分作為測試集 (testing set),另一部分作為驗證集 (validation set)。首先,我們用訓練集對模型進行訓練,再利用驗證集

來調整模型的參數，以此作為評價模型的性能指標。最後，利用測試集來估算模型的優劣。我們把這種方法稱為交叉驗證 (cross validation)。常見的交叉驗證方法有 Hold-out 方法和 N-fold 交叉驗證方法。Hold-out 方法將原始資料隨機地分為兩組，一組作為訓練集，另一組作為驗證集，利用訓練集訓練模型，然後利用驗證集驗證模型，最後模型的準確率為此 Hold-out 方法下模型的性能指標。N-fold 交叉驗證方法是將原始資料分 N 組 (一般是平均切分)，用每個子集資料分別做一次驗證集，其餘的 N – 1 組子集資料作為訓練集，這樣會得到 N 個模型，用這 N 個模型最終的驗證集的準確率的平均數作為此 N-CV 下模型的性能指標。N 一般大於等於 2，而實際操作時一般從 3 開始取值。採取這些實驗方法的優點在於，不同實驗條件下，利用比對統計學中的方差和置信區間，能夠反映出實驗結果的一致性。

　　實驗完畢後，資料整理成了漂亮的圖表，這是不是意味著結束了？當然不是。圖表整理得那麼漂亮，有沒有想過除了你本人之外，任何其他人看得懂這些圖表的存在價值嗎？首先，橫軸和縱軸的意思是什麼？那一串串的數字在向別人傳達著什麼資訊？還有，那一條條曲線又在訴說著什麼呢？讀到這裡，讀者朋友能猜到我們將要講述的內容了嗎？對的，有了實驗結果，要進行解釋說明以及恰當的分析，要引領論文閱讀者理解實驗結果，而不是讓其獨自琢磨。分析性文字涉及兩方面：第一，必須讓閱讀者從統計學角度知道實驗結果有無顯著性差異；第二，要將論文中所有的實驗結果從專業知識的角度解釋給閱讀者，並且要說明各組實驗的意義。在搜索算法的例子

中，就需要向閱讀者闡明加入使用者搜索歷史信息會對搜索結果的排序帶來什麼樣的影響。

上面提到了「統計學角度」，不知讀者朋友是否熟悉此概念？我們用兩小段篇幅簡單說明之。在研究當中我們使用最多的就是顯著性測試 (significance test)，這是統計學中非常重要的一個概念。顯著性測試又稱假設檢驗，是數理統計學中根據一定假設條件用樣本推斷總體的一種方法。基本原理是先對總體特徵作出某種假設，然後根據統計推理對此假設應該被拒絕還是接受作出推斷。在資訊檢索領域，非常典型的應用適用於比較兩組實驗結果是否具有顯著性差異。比方說，要驗證在 5% 的置信水準下的顯著性，如果測試出來的結果低於 5%，我們就說結果具有隨機性，可以拒絕零假設 (原假設)；反之，如果高於 5%，那麼說明結果具有顯著性。

顯著性測試有很多種方法，其中一種叫做 T 檢驗 (student's t-test)。它主要用於樣本含量較小、總體標準方差未知的常態分佈資料，用來檢驗兩個平均值的差異程度。它使用 T 分佈理論來推斷差異發生的機率，從而判定兩個平均數的差異是否顯著。這裡不再介紹 t 統計量是如何計算的，基於 t 統計量的顯著性機率是怎麼查詢的了，有興趣的讀者可以查閱統計學相關的書籍，裡面會有相應的介紹。還有一種方法稱為 p 值檢驗 (p-value)。對於兩組資料差異程度判定，通常是以期望值 p 來作為判斷的依據。p 值是一種機率，一種在原假設為真的前提下出現觀察樣本以及更極端情況的機率。它表示對原假設的支持程度，是用於確定是否拒絕原假設的另一種方法。p 小於 0.05 表示兩組資料之間達到「顯著性差異」的標準，p 小

於 0.001 表示兩組資料之間達到「非常顯著性差異」的標準。

總結一下吧。研究過程中首先要解決的問題是清楚而具體地表述所要進行的研究工作，包括研究動機、研究方法等。有了研究論文骨架之後，就要開始為其注入血液讓骨架變得有活力，於是要開始做實驗。關於實驗環節，我們講述了選取、採樣資料，選擇評價方法和對比實驗等內容。最後是「看圖說話」，向讀者解釋每一張圖表所表現的意義，每一條曲線所代表的含義，以及每一個數字所表達的意思，合理而明白的解釋會給工作加分。整個研究過程中，我們認為比較重要的一點是，如何才能讓論文閱讀者輕鬆地再現實驗環節。這對研究者闡述研究工作時的語言文字功力是一大考驗。至於如何提高這種功力，請見第 5 章。

4.5 建立個人品牌

不知道讀者朋友有沒有發現，如果從棋盤法的角度去思考，學術研究是利用出現的空格子尋找新的研究問題或者新的解決方法。在商業環境中，從某種意義上來說，如果不是發現了市場上某些有潛在利潤價值的「空白空間」，一般是沒人冒險開發新產品或創立新公司的吧？這樣看來，其實學術研究和商業市場調查存在異曲同工之處。

如果你的文獻檢索工作做得足夠細緻徹底，請仔細觀察填好空的棋盤，你會發現有些研究領域散發著一股勢不可當的年輕氣息。這股氣息不僅來自於研究問題，還來自於那些年輕的研究者。這些年輕的研究者憑藉對研究的熱情，真的能夠在學術中找到屬於自己的一片天地，或者已然如專家一般影響著其

他研究者。這時，可以說他們已經成功地建立了個人品牌。

現在，假設你已經為自己找到了一個研究問題，這個問題同時具備新穎性和高影響力。如果一個問題可以將你的研究聚焦到只要蒐集需要回答所提問題的資料，當你找到認為可以支持答案的資料時，你便知道這是停止搜索資料的時候了。但有的時候，也會發生這樣的情況，即使你對這個問題已經進行了相當長一段時間的研究，並已經有了些真知灼見，你還是會覺得可以找的資料簡直沒完沒了。更有甚者，你永遠不知道什麼時候才可以稱得上足夠。拍案之前總會有一種遺失了什麼的感覺。無論如何，一旦你對研究問題有了深刻的理解，便會開始提出這樣的問題：這個問題可以用方法 X 來解決嗎？如果我能夠成功用方法 X 攻破這個問題，會對這個領域帶來什麼樣的影響？反之，如果不能把方法 X 成功運用於這個問題，我會有什麼損失？又會有什麼收穫呢？

我們先沿著棋盤的橫軸方向走，在方法這個維度，有一點對於研究來說很重要，那就是「比較」。俗話說得好：「有比較才能見分曉。」比較什麼？比較解決相同研究問題的不同方法間的差異。「方法 X 和方法 Y 比較有哪些優勢，又有哪些弱點？」經常會發生兩種方法勢均力敵的情況。比方說，在時間效率上，方法 X 要優於方法 Y，然而在準確率上，方法 X 卻抵不過方法 Y。又比方說，在降低錯誤率方面，方法 X 的表現要優於方法 Y。如果應用一些成本敏感學習的實例，方法 Y 在排序方面的性能要高於方法 X，例如 AUC 評價標準。在這裡，我們想告訴讀者朋友，即使只是單獨沿著棋盤的橫軸行走，也能看到美麗的風景，能發現很多很有意思的研究話題，

能創造出很多頂級的研究論文。

　　棋盤的橫軸已經告訴你哪裡的風景獨好，縱軸這邊又如何呢？讀者朋友，我們一起來考察吧。縱軸代表研究問題，我們採取「自上而下」的考察方式。這種方式會引導我們考慮為什麼以及如何能夠把相同的方法應用於不同的研究問題。如果已經對所在研究領域的一些研究方法瞭如指掌，你可能會看到比其他人所看到的更加亮麗的景觀。舉個例子來說，假設現在想把機器學習中常用的決策樹方法應用於代價敏感學習的研究問題。這時，我們心中可能存在這樣的疑惑：「決策樹方法應用於非平衡資料集分類問題時表現很好，那對於未知代價公式，或者學習過程中涉及使用者反饋的這兩種情況下的代價敏感學習，決策樹方法的性能是否能依然保持那麼好呢？」想要回答這個問題，就要將決策樹方法與現有的其他解決此類問題的方法一一進行比較。經過比較，才知道決策樹方法究竟是比其他方法好還是壞。以此方式，不僅可以知道一個方法能夠應用於多個不同的研究問題，還能更加清楚地瞭解這個方法在不同的問題設定下的不同性能。

　　讀到這裡，讀者朋友發現縱軸這個方向上與眾不同的作用了嗎？這種「自上而下」的遊走形式可以真正帶領你從另外的角度去思考方法，這種思考給你帶來的不僅僅是方法上的深入理解，更能讓你的理解在研究領域中發揮得淋漓盡致，找到自己的一席之地。有這麼一句古老的箴言：「如果你手上有一把鎚子，所有的東西看上去都像釘子。」對程式員來說，鎚子是面向對象，是設計模式，是編程語言；對銷售人員來說，鎚子是口才，是人脈；對研究者來說，鎚子是研究方法，釘子是研

究課題。結合我們的棋盤，沿著水平的方法維度遊走是為了幫手中的釘子找不同的鎚子，沿著垂直的研究問題方向遊走是手握鎚子找釘子。

讀者朋友可能會說：「我就是這麼個貪婪的人，既想要熊掌也想要魚。」這也不是不可以，同時朝著兩個方向走，我們堅信你會找到鎚子和釘子。不過不得不說，這個尋找過程相當艱苦。一旦找到了，對於研究者來說將是一種不可言喻的幸福。你的研究成果會如同圖 4.2 所示的那棵樹一樣枝繁葉茂。

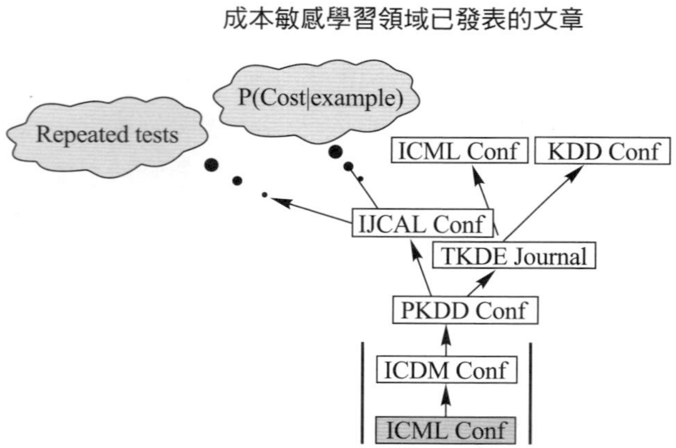

成本敏感學習領域已發表的文章

圖 4.2　研究結果樹形圖

如果你在棋盤當中找到一個橫軸的區間和一個縱軸的區間，使得你在棋盤中間找到了一塊空白區域，那麼恭喜你為自己找到了一個品牌。在這個區域，既有你的鎚子，也有你的釘子。這時候，你真的可以為自己感到高興了，因為，你不僅僅可以作出一項研究工作，你還可以作出一系列相關的重要研究

工作，並且把你自己打造成一個領域專家。完成這一系列工作之時，你已經在自己的領域小有名氣了。當你去參加會議時，會發現有人主動過來和你打招呼。你的文章的引用數也與日俱增。這就是品牌的效益。

4.6 實驗型研究和理論型研究

4.5 節講了很多內容，比如「實驗型研究」、「理論型研究」、「理論證明」等等。有些讀者朋友，尤其是研究新手，可能還是第一次接觸這些概念，或許曾經聽說過這些概念，但至於這些概念究竟代表什麼還不甚明白，心中或許疑惑：「我應該選擇理論型研究還是實驗型研究？」如果用專業術語來表達這個疑問應該是這樣的：「我是做基礎型研究還是做應用型研究呢？」

如果要回答以上問題，還是應該先回到曾經討論的研究的本質和研究者的職責這兩個問題上。幫助人們認識世界、理解世界是研究者的職責。研究的過程即使用理論和實驗性方法揭示深藏於表面之下推動各種事物發生發展的機理。一般來說，理論研究的原始目的不在於解決實際問題，而是在於解決一個概念性的問題。這個問題是在成熟的理論基礎之上進行推導，加以完善，用來驗證提出的假說。實驗型研究是用理論無法清晰描述的產物，需要依靠實驗和資料的收集，透過資料分析的形式來對假設進行證明，以真正做到一切用資料說話。理論研究與實驗型研究兩者的區別在一些傳統學科 (比如物理學) 中會更加明顯。我們透過檢驗研究問題，才可以辨別研究是「理論型」的還是「實驗型」的。現在，尤其是在工程科學領域與

實踐領域，這兩者間已然存在一個「灰色地帶」，更有人經常把「面向系統的研究」放到這個模糊區域。這種情況使得研究新手更加無法區分理論型研究和實驗型研究。我們偶爾還會聽到有些教授的說法：「我最近的研究就是如何構建一個系統。」對此我們實在不敢苟同。

本節想清楚地告訴讀者朋友，單純的構建系統，而缺少研究動機和有價值的分析，這種做法不能算做研究。但是，如果你有一個假設前提，比如「在 Z 條件下，方法 X 優於方法 Y」，要驗證這個假設，你可以構建一個系統去證明在 Z 條件下，方法 X 要優於方法 Y。這種利用搭建系統去支持或者反駁一個假說的做法才是研究。

我們先談談實驗型研究。閱讀實驗型研究的論文時，總會捆綁著這麼幾個概念：系統構建、經驗獲取和經觀察得出等等。通常情況下，實驗型研究首先要提出一個假設。這個假設是研究某個重大的實際難題，同時這個難題具有顯而易見的影響力。比方說：「人是能夠做到超音速飛行的。」這句話是一個假設，而如何論證假說是實驗型研究工作的重點。以這句話為例，我們要找到證據或者利用觀察結果支持或反對這個假說，就要製造一架飛機，看它的飛行速度是否能夠打破音速。

在科學工程領域，假設和實驗型研究並非「捆綁式銷售」，並沒有規定一個假設只能捆綁一項實驗型研究工作。事實上，多個研究者可以同時提出相同的假設，論證每個假設的實驗型研究工作也不要求必須由提出者完成，每位對此假設感興趣的研究者都可以去研究。理論研究中的模型和假設能夠進行泛化和測試。如果閱讀過理論型研究論文，你會發現其陳述

了一些概念。這些概念無法直接得出，必須經過推導才能得到。一旦建立好模型，理論學者就能夠在模型基礎上繼續推導。不要小看這些推導，很多我們現在使用的定理和公式都誕生於這種方法。因此，強大的理論具有泛化能力。前述小節曾經提到，工程領域的研究工作經常會將理論和實驗兩種方法結合在一起使用。在一些基礎學科中，比如物理學，會有理論物理學家和實驗物理學家之分。這兩者的分工表明理論型研究和實驗型研究在物理學中是相互獨立的，這也是與工程領域的一大不同。

實驗型研究一般會先提出一個假設，讀者朋友可能關心這個假設是怎麼來的？如果你還沒有擬出任何自己感興趣的研究課題，我們建議你先嘗試著重現其他研究者的工作，重新搭建其系統。舉例而言，如果想構建一個學術搜索引擎，方便研究者查找學術論文等研究資料。那麼第一個你要重現的算法便是谷歌的 PageRank。你可能會覺得重現別人的工作是浪費時間，其實不然。在重現過程中你會有很多收穫。

第一點，對於研究新手來說，無論是處於哪個研究領域，先熟悉一些經典理論、算法、案例和系統構建常識等是非常必要的。這就好比想要瞭解中國文學要先讀懂四大名著一樣。在重現其他研究工作的過程中，你會逐漸理解那些工作的實質究竟為何，可取之處是什麼等。更甚至，你會意識到他們的工作似乎還有提升空間，還有很多內容並未提及。如果你覺得很多內容缺少詳細解釋，這也可能是因為篇幅限制，也可能是作者無意寫出。如果你不曾親自嘗試重現其他研究者的工作，重建他們的系統或者算法，僅靠閱讀論文，將很難發現這些問題。

第二點，在重現過程中，對研究問題的複雜度和所涉範圍會有更清晰的認識。當再次遇到相似問題時，便能心如明鏡。比如在電腦學科領域中，光是讀讀論文，看看偽代碼的主要流程，或許能明白代碼的某一層複雜度究竟是線性的還是對數級別的。雖然偽代碼本身很容易理解，但實現起來也同樣容易嗎？其實不然。這也是研究新手經常低估的一個問題。如果讀博士期間，從來沒有重現過其他研究者的工作，那可真是「研究不知先重現，縱使畢業也枉然」，為什麼呢？因為經由重現他人工作，可以瞭解涉及資料分析的整個流程，至少可以為自己的工作提供一個基準點 (baseline)。

　　所以有第三點，與設計模式中的可重用性概念類似，重現工作可重用於自己研究中的對比項和參考項。如果你的研究能夠擊敗那些當年重現的工作，說明你已在研究中闊步前行，找到了自己的方向。最後一點，也是最重要的一點。前述章節用了很多筆墨強調閱讀論文時要「批判性地閱讀，創新性地思考」。在重現其他研究者的工作時，使你有了近距離接觸和「批判」的機會。重現過程中，你會更加意識到自己閱讀時產生的質疑是否正確，從而能更加清楚地看清這項工作的優缺點。看到了缺點，其實就已然找到了研究的突破口，以此為證，提出自己的假設和想法。回到學術搜索引擎那個例子，在完成 PageRank 算法的過程中，你會發現這個算法並沒有考慮使用者的喜好以及使用者之間的關係這層訊息。如果能夠觀察到這點，我們想你應該會迫不及待想要把這層訊息添加到 PageRank 算法中試一試吧？重現其他研究者的工作有如臨帖，王羲之書法中的一勾一畫、一撇一捺終會變成臨摹者的身

段步法，偶爾福至心靈，自然熟能生巧，轉化成習者的技藝。

讀到這裡，讀者朋友可能會問：「我究竟適合做理論型研究還是實驗型研究呢？」在科學工程領域，理論研究起著舉足輕重的作用，它可以在實驗科學當中擔任兩個完全不同的角色：其一是指導實驗，並用理論來證明實驗是否正確；其二是相反，可用它來解釋和總結實驗觀測結果和現象。

在第一個角色中，理論在先，實驗隨後。很多研究者都活躍在這個領域，他們構建系統、設計實驗，為的是能夠證明提出的假設正確或者錯誤。

人工智能是這類研究中的一個典型領域。從事此領域研究的人們恐怕沒有人不知道 <電腦器與智能> (Computing Machinery and Intelligence, by A.M. Turing, 1950) 這篇文章。這是被稱為電腦科學之父和人工智能之父的阿蘭・圖靈 (Alan Turing) 在 1950 年提出關於機器思維的問題，引起了廣泛注意並具有深遠影響。其中提出了一種用於判定機器是否具有智能的試驗方法，即圖靈測試 (Turing test)。「機器能夠思維」是一個假說或猜想，僅僅依靠理論並不能證明這個假說是否成立，這跟要證明「地球繞著太陽運動」是一樣的道理，理論滿足不了證明過程。這時需要尋求實驗的幫助。

為了論證「機器能夠思維」這一假說，需要構建一台智能機，使用圖靈實驗來進行測試，透過觀察結果判斷這台機器是否能夠思維。理論具備可測試性和可分解性，正因為如此，人工智能又存在多個分支，包括電腦感知、自然語言處理、機器學習、智能規劃、遊戲理論等。理論在先、實驗隨後的例子暫且講到這裡。

下面講一講實驗在先、理論隨後的例子。這種情況的發生以物理領域居多。一般會是這樣的場景，遵循一般步驟設計實驗，產生結果，可是這些實驗或是結果並沒有相應的理論來支持。有一個可能不太恰當的形容，就是其中有一種「只能意會不能言傳」之感，而在研究中出現這種感覺是萬萬不可取的。那該怎麼辦呢？實驗的設計是符合邏輯的，也有了相應的結果，「萬事具備只欠東風」。我們是不是可以根據實驗和結果製造出理論呢？回答這個問題之前，先來一段小插曲。

1887年，為了觀測「以太」相對於地球的運動，邁克爾遜—莫雷 (Michelson-Morley) 實驗被提出，用來觀察光速相對於地球運動的變化。實驗結果顯示，並沒有發現光速的變化，這也為愛因斯坦啟發了一個新的認識，即在真空中光速可能是獨立於參考系的。然後在1905年，愛因斯坦提出了狹義相對論，它成為近代物理的一個重要部分。在這個例子中，一個舊的理論沒有被實驗所證實，而這個現象反而為後來的學者提供了發展新理論的契機。

這種例子在人工智能的機器學習理論研究中也經常出現。20世紀80年代初是一個神奇的年代。因為人們逐漸認識到數字電腦具備從實例中學習的能力，許多學校的學習算法和系統蓬勃發展，甚至藉此開發了很多應用。看似不同的學習算法帶來了計算學習領域的多元化發展。此時哈佛大學的萊斯利・瓦利安特 (Leslie Valiant) 教授注意到現有的理論基礎沒有能力將這些算法統一起來。於是，他提出了機率近似正確理論 (probably approximately correct, PAC)。PAC用來指代一類機器學習機制，在這類學習機制中，樣本往往遵從一種分佈，我們

的目標就是估計這種分佈。假設估計出了這種分佈，那麼我們希望在這種分佈假設的情況下，樣本出現的機率儘可能高，同時估計分佈與真實的樣本分佈的誤差比較小。在估計分佈時，我們會同時估計多個，衡量錯誤的標準也會不止一個。在真實世界的機器學習案例中，我們所估計的分佈多數都不成立並且很難驗證。萊斯利・瓦利安特的 PAC 理論既抽象又簡單，優雅地闡述了不同機器學習算法之間的區別。2011 年，萊斯利・瓦利安特獲得了圖靈獎，以表彰他在計算理論方面，特別是機器學習領域中的 PAC 理論的開創性研究。

阿蘭・圖靈的研究方式和萊斯利・瓦利安特的研究方式，你更喜歡哪個呢？不論你的答案是什麼，我們想說的是，在研究中，兩項技能都不可或缺。在研究的開始，要時刻注意領域的發展趨勢，要能看清趨勢下隱藏的理論基礎。與此同時，還要培養自己學會用簡單而優雅的理論去統一不同的實驗型研究和不同的方法。

如果讀者朋友曾讀過一些著名科學家的博士論文，你會發現作者先提出一個新的研究問題，再提供一種解決方法，然後是透過實驗跟很多其他方法作比較，最後會提出相應的理論來證明在滿足某些假設的條件下，其解決方案是有效的或者正確的。這個例子的目的是要告訴讀者朋友，我們現在所處的研究世界要比以前複雜得多，每個研究者的身分既是理論家又是實驗家。不能因為選擇了理論型研究就忽略了實驗技能；反之亦然。

前面曾提到單純的系統構建不能算做研究，現在跟讀者朋友詳細討論系統構建問題。這是個頗具爭議性的話題，如果

為了論證一條自己提出的假設而構建系統，這就是研究。比方說，為了論證重於空氣的機器能在空中飛行，你製造了飛機，我們說這是研究；為了論證電腦能夠完成一個到多個智能任務，你構建了電腦系統，我們說這是研究，因為在此之前人類更加擅長這類智能型任務。還有一個研究的例子是 IBM 的 WATSON 系統在參加一個有名的智力問答節目時擊敗了人類，成為電視節目的冠軍。機器人在電視節目中奪冠，這是 IBM 的 WATSON 系統出現之前從來沒有過的事，這也為人工智能的實現向前邁進了一大步。讀者朋友，你作為一名研究者或準研究者，在構建系統之前，請先問自己這樣一個問題：「構建這個系統，我究竟是想要證明什麼？」

也許你覺得上面的例子還不夠具體，那我們還是以三種典型類型的博士生為例再詳細講述。三種類型當中，A 類型和 B 類型最能反映理論型研究和實驗型研究的區別。A 類博士生喜歡做理論型研究，B 類博士生卻著迷於實驗型研究。這次我們用 A2 代表 A 類型的博士生，B2 代表 B 類型的博士生。博士生 A2 的研究問題是如何從不同的輔助領域中具有不同特徵空間的實例中學習出更好的模型。他提出了一種整合學習方法。在當時的研究工作中還沒有研究者曾經嘗試過這種方法。博士生 A2 心中有個疑問：「既然存在多個輔助領域，是不是任何輔助領域到目標領域的知識遷移都能成功呢？」帶著這個疑問，他查閱了很多電腦科學和數學相關的理論工作，得出了一組能夠證明知識遷移可行性的充分必要條件。憑藉這些條件和定理，他更加完善了最初提出的解決方案。之後，這一方案又通過了浩瀚資料集的測試，實驗結果證明了這一方案的正確

性。

　　與 A2 不同，博士生 B2 在研究知識遷移的初期，喜歡遵循實驗型研究方式。正因為如此，他認為線上商品推薦這一應用領域很有意思。他很快發現這一領域的主要問題是尚未能夠設計出處理浩瀚資料的既準確又高效的算法。有了這個發現，博士生 B2 在這個領域做了大量文獻檢索工作，也很快地提出了一個創新性算法。這個算法經由很多資料集的測試，包括線上商品推薦的相關資料和廣告推薦的資料等，並得出了很不錯的結果。

4.7　團隊協作，跨學科研究

　　追溯到很久以前，研究者都是「獨行俠」，所謂研究是一個人的事。達‧芬奇完全自學了動物和人體解剖學、建築學和物理學。伽利略對物體和行星運動的研究，也完全是自學的成果。在我們學習牛頓三大定律時，教科書中可曾提到過其他研究者？沒有，因為這完全是牛頓自己的研究成果。今日不同往昔，研究已經不再是一個人的事。打開任何一本學術雜誌，每篇文章的作者幾乎都不是孤零零的一個人。更有甚者，一篇文章的作者多到了足以佔據一整頁紙，雖然這種情況並不多見，但一篇文章有 4～5 位作者是司空見慣的。

　　讀者可以嘗試谷歌學術搜索或者 DBLP[①] 搜索工程科學領域內的任何一位作者，你會發現他跟其他研究者合作撰寫過很多研究論文。現在的科學工程研究已經離不開團隊協作。當研究剛剛展開或者取得一些進展時，你可能會陷入徹底的混亂，

[①] http://www.informatik.uni-trier.de/~ley/db/

雖然你知道很多資料，手上有很多資料，但是你可能無法確定哪些是有用的，哪些是相關的，而哪些是應該丟棄的。這時可以向其他研究者，包括指導老師、朋友、同學等說明情況，你會從他們的回饋中受益良多。

此不贅述團隊協作的重要性了，特別是在網路書店和機場管理方面，團隊協作顯得尤為重要。在科學研究領域，協作稍有不同。不能今天想著「和某某合作一篇文章」，明天「某某」就會和你合作寫一篇文章。在科學研究中，協作起碼要滿足以下幾個條件：共同的目標、交流、互補的技能和社交凝聚力。

常見的團隊形式是「學生—指導老師」組合。當然，也不會完全拘泥於這一種形式。學生有時可以是幾名學生組成的小組，指導老師也可以換成高年級博士生。在這樣的角色設定下，學生是主要的風險承擔者，要主動尋找新的研究課題，展開調研、設計算法。如果是實驗型研究，還要進行一系列實驗以觀測實驗結果。

這樣說來，好像所有的事情都是學生的任務，那麼指導老師的職責又是什麼呢？這個時候，指導老師更像是顧問，及時給予學生回饋信息，縱觀大局，確保學生的研究是朝著正確的方向前行。在初始階段，研究的新點子通常是由指導老師發起。從自己熟悉的領域中，圈定一個小領域，從中列出多個潛在的研究課題給學生選擇。隨著研究的展開，學生會逐漸熟悉這個領域，想法漸漸地也會隨之產生。在每週的討論當中，指導老師通常會問：「這篇論文你看過了嗎？」「怎麼不試試其他方法呢？」「你跟系裡的某某談過嗎？你這個問題，他(她)

可能會有解決方法。」到撰寫論文時，指導老師會成為你的編輯，尤其在論文的第一稿，會幫助你修改一些語法和用詞表達等問題。 對於研究新手來說，摘要和引言部分是最難寫的，時常會感到詞窮，無話可說，有時候還會偏離主題。讀者朋友，你是否曾經或者正在經受這樣的「折磨」呢？那你是否還能想起指導老師幫你修改好一稿後，你拿到手上那一刻時恍然大悟的心情？心裡曾不禁讚歎「指導老師就是指導老師！」吧？後續章節將詳細講述指導老師在幫助學生迅速提高論文寫作水準中的作用，也會提出很多方法，敬請期待吧。

　　如果團隊中的成員來自於不同的學科，每個人都具有不同的學術背景，而這些人又都是你的同事，我們以上談論的內容會顯得尤其突出。跨學科研究的目的主要在於透過超越以往分門別類的研究方式，實現對問題的整合性研究。目前國際上比較有前景的新興學科大多具有跨學科性質。近年來一大批使用跨學科方法或從事跨學科研究與合作的科學家陸續獲得諾貝爾獎，再次證明了這一點。就其深刻性而言，跨學科研究本身也體現了當代科學探索的一種新範型。在生物資訊學、量子電腦或者環境的可持續發展等領域，都有很多跨學科的研究工作在進行。曾經，我們有幸與一些亞洲最好的生態學家和電腦科學家一起行走到中國西部，透過 GPS 軌跡，瞭解鳥類的遷徙模式。在參加一系列研討會的過程中，我們驚喜地發現，能夠和來自不同學科的研究者共同為環境可持續發展貢獻一己之力，真是一件非常值得自豪的事。

　　當然，跨學科研究也會帶來許多新的挑戰。能夠與不同學科的研究者合作是件很榮幸也很開心的事，合作不是說只需貢

獻你那部分「力量」就可以了,還要花時間和精力去瞭解其他研究者的研究背景、研究工具以及一些研究方法。有時會感覺像是在讀另外一個博士學位。經過大概一年的時間,你可能就會用全新的視角去看待研究。在這裡,我們非常鼓勵博士生去參加一些對自己來說是完全陌生的研討會,能否激發出一些新的靈感來,可也說不定呢!

第 5 章
撰寫與發表論文

　　從事研究工作時，不管是坐在圖書館的閱覽室，還是坐在電腦前，在我們的身邊是數百年來的研究成果。科學家們不斷地提出新的疑問與難題，蒐集無數的資料，尋獲答案與解決方法，然後與我們分享。科學論文是我們交流的工具與信賴的訊息來源。優秀的科學論文對我們的一生都有影響。以愛因斯坦為例，為了表彰他在 1905 年發表的關於光電效應(奠定了量子理論研究的基礎) 的論文，1921 年，他被授予了諾貝爾物理學獎。愛因斯坦在 1905 年還發表了關於布朗運動、狹義相對論和 $E = MC^2$ 的三篇論文，對現代物理學作出了重大貢獻，可以說由此改變了世界。

　　讀者朋友從第 3 章應該學到如何發現新穎而且令人感興趣的研究課題和研究想法，從第 4 章中應該學會為了論證自己的研究想法該如何做嚴謹的研究。現在假設你一切順利，得到了具有足夠影響力的研究結果。對研究者來說，接下來的任務便是撰寫和發表高品質的論文。本章的目的就是指導你撰寫和發表高品質的論文，由此儘可能地呈現自己最好且最令人信服的研究成果，創造出符合讀者需要和期待的論文。

　　讀者朋友，你還記得在撰寫學術論文之前自己真正開始提筆寫作是什麼時候嗎？你或許曾經為了升學的需要寫過無數作文和報告；你或許少年時代做過小記者，寫過新聞稿；你或許

曾經夢想過成為作家，嘗試著寫過小說、詩歌等；你或許曾經寫過一些文案，包括海報宣傳稿、演講稿等；你也肯定寫過無數郵件，跟好友的聊天紀錄也應該數以萬計了吧？不能否認，這些都可以算作寫作範疇的事。但是，這又與本章講述的「撰寫、發表學術研究論文」大有不同。已故的圖靈獎以及諾貝爾獎獲得者赫伯特・西蒙 (Herb Simon) 曾跟他的學生如是說：「想要寫一手漂亮的論文，無非是先想好說什麼，再把想要說的寫出來，然後再想出一個響亮的標題！」此話蘊藏玄機，這一章將為讀者朋友一一揭曉。我們在此主要討論撰寫研究論文的要點，以及科學寫作與他類寫作的區別。

5.1 要嘛出版，要嘛出局 (Publish or Perish)

高品質、高影響力的論文之於研究者，就像優秀暢銷書之於作家，像既賣座又叫好的電影之於導演，像奧運金牌之於體育健兒，像奧斯卡最佳演員獎之於演員。這不僅僅是研究工作的表現，更是一種業界給予的肯定，是一種個人價值的體現。能夠發表於頂級會議的論文一般都經過了嚴格的同行評審，能從這一過程中脫穎而出實屬不易。發表頂級論文，是一種聲音，是一種向研究界發出的屬於自己的聲音；也是一種方式，是一種傳達自己能夠對研究界帶來貢獻和影響的方式。發表高品質和高影響力的論文對大學教授來說尤為重要，因為可以說論文是生產力的表現形式之一，沒有生產力，或者生產力太小，都不會帶來升職機會。除此之外，研究經費和研究項目也是生產力的另外一種表現形式，這些都會影響大學教授的職業前途。在研究界，流行這樣一句話：「要嘛出版，要嘛出

局！」(Publish or Perish!)

　　讀者朋友可能會認為研究者每天都在做研究，發表高品質的頂級論文應該易如反掌，否則才說不過去呢。事實並非如此，發表高品質、高影響力的論文對大學教授來說並不容易，不僅不易而且還是不小的壓力呢，尤其是在北美、香港等地的一流大學，所謂"Publish or Perish"的壓力更加大。有時候壓力固然可以變成激勵自己的動力，但有時卻也會產生一種相反的效果。如果本應有的一篇高品質論文變成了多篇無足輕重的平庸論文，那麼這些論文不但沒有影響力，反而還會因佔用了大量時間而耽擱了研究者的其他工作，如授課等。我們極其不倡導這種做法，尤其是那種為了豐富簡歷上的論文數量而多發表濫竽充數文章的做法，因為這不但損害自己的聲譽，還會給年輕學者樹立不好的「榜樣」。我們更提倡「少而精」的做法！

　　儘管"Publish or Perish"的說法有些偏激，但我們旨在告訴讀者朋友，如果可以發表一篇高品質的論文就不要選擇發表多篇低層級的論文。多篇和高品質，兩者在影響力方面並不具備可比性。說真的，研究者的職責應該是發表高品質的論文，報告新穎而具有影響力的研究工作，而不是追求數量。「影響力」也包含研究工作能被其他研究者借鑑，以此為基礎構建新的研究。關於一篇論文的影響力的評價標準之一是它的「被引用次數」，所謂被引用次數是指其他研究者在其工作中提到或者參考了相關研究論文的次數。目前，有很多方法可以用來計算論文的被引用次數。有的方法只計算被期刊論文引用的次數，比如科學引文索引(SCI)，是由美國科學資訊研究所

(ISI) 於 1961 年創辦的引文資料庫，現由湯森・路透 (Thomson Reuters) 集團所擁有。除了只計算被期刊論文所引用的數量外，有的方法還加入了被一些其他開放性出版物，如會議論文的引用次數計算。採用這種方法的有谷歌學術搜索 (Google Scholar) 和 CiteSeerX，目前這兩個學術搜索引擎已被越來越多的研究者使用，而這種計算被引用次數的方法也越來越多地得到廣大研究者的認可。

另外一個評價學術成就的指標是計算 h 因子 (h-index)[1]，又稱 h 指數。h-index 是 J.E. Hirsch 在 2005 年提出的，用來評估某一研究者或者單位、院校整體論文發表的質與量。h-index 的計算方法是將某一研究者被引用的文章按照引用次數排序，引用次數多的排在最前，引用次數少的排在最後，從排序的結果可看出引用的文章至少有 h 篇文章被引用 h 次。這是一項簡單易懂的評價指標，不受極值影響。一個研究者的 h 指數越高，表示他的論文影響力越大。例如，某位研究者的 h 指數是 20，這表示他已發表的論文中，被引用了 20 次的論文共有 20 篇，而剩下的論文則被引用的次數都不超過 20。圖 5.1 描繪了 h-index 的計算方法，圖中橫軸表示被引用的文章，按照被引用次數從多到少的順序依次排列，縱軸表述被引用的次數。在座標內，可根據所有論文被引用的情況描繪一條「引用曲線」，在圖中為左上到右下的曲線。同樣地，座標內的對角線便是「論文數量曲線」，在圖中為左下到右上的直線。這兩條曲線交叉的那一點對應的橫軸的值便是 h 指數。圖 5.1 的例子中，h 指數大概為 17。

---

[1] http://en.wikipedia.org/wiki/H-index

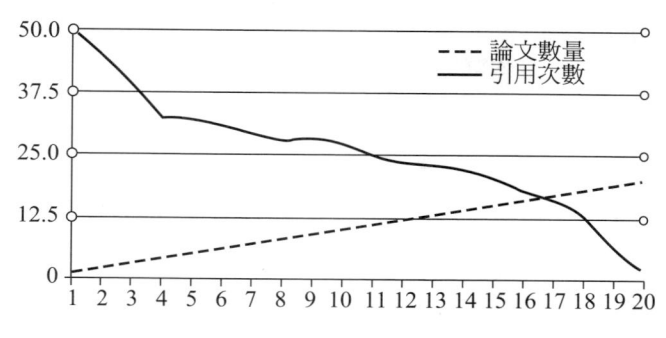

圖 5.1　h 指數計算示例

　　讀者朋友，每當你瀏覽一些知名研究者的網頁時，會發現這些人有一個共同點，就是他們的論文基本都發表於頂級會議或者期刊。你不禁會想，對於資深研究者來說，發表高品質的頂級論文應該是件很容易的事，可是你錯了，我們曾經提及，發表高品質的頂級論文對研究者來說並非易如反掌，對資深研究者來說也是一樣。其原因究竟為何？請繼續往下讀吧。

5.2　發表高品質的論文有那麼難嗎？

　　學術論文有兩種主要形式：會議論文和期刊論文。很多頂級會議和期刊為了保持「高水準」的聲譽，只收錄有限數量的論文。這與市場上打著「限量版」標籤的商品意義相同，作為消費者，收藏限量版，從某種意義上講，是身分地位的彰顯。作為研究者，如果論文能夠被「限量收錄」的會議或者期刊錄用，也是自己工作受到極大肯定的表現。不僅如此，如果論文能夠在這些頂級會議和期刊上發表，曝光率也會大大增加，更多的其他研究者將由此瞭解你的工作，你的名字也會在其他研

究者之間遠播。讀者朋友，這下你明白為什麼大家擠破頭也要向頂級會議和期刊投稿了吧？

在電腦科學和一些其他學科領域，有很多頂級會議，這些會議對長論文的格式要求是雙欄 6～12 頁，排版緊湊。論文的錄用率最低是 10%，最高不超過 30%。很多電腦科學與工程領域的頂級學術期刊的論文錄用率也維持在 10%～30%。而科學領域中一些涉及學科範圍較廣的頂級期刊，如《科學》雜誌 (*Science*) 和《自然》雜誌 (*Nature*)，其論文錄用率更低。

「錄用機率最高有 30% 呢，這比贏彩票的機率還高呢！」很多同學抱著這樣的心態將論文投向頂級會議和期刊，期望自己的投稿能「幸運」地成為那 30% 之一。這些同學有一套自己的數學理論：假設我將一篇論文提交到 20 個會議和期刊，如果這些會議和期刊的錄用率都是 30%，那麼我的論文被拒收的機率是 0.7 的 20 次方，也就是 0.08%。反之，至少有一個會議或者期刊錄用我的論文的機率將是 99.92%，這不中也難吧？老實說，乍看之下，讀者朋友是不是也覺得這個計算過程天衣無縫呢？

如果你曾是上面那些同學中的一員，或者現在在內心某個角落也覺得上面的想法和計算不存在問題，我們希望在閱讀本章之後，你能摒棄這些想法。我們的建議是：第一，不要懷著「萬一」的心理去投遞論文，尤其是遞交到頂級會議或者期刊。雖然你仍然能夠收到評審意見，但這樣做會損壞聲譽。第二，遞交論文絕對不允許「一稿多投」，而這也恰恰是導致上面那些同學計算錯誤的根源。這是學術不端行為，說嚴重點，這屬於學術欺詐 (詳見 5.4 節)。

5.3 優秀的論文怎麼定義？

「優秀的論文怎麼定義？」有沒有什麼秘訣可以確保論文一定會被錄用？讀者朋友，你一定很期待我們能給出答案吧？很遺憾，即使翻遍本書也找不到一個絕對的答案。優秀論文的裁定和錄用率均視會議或者期刊的不同而不同，並與當時收到的投稿總數有關，這是其一。其二，參與論文評審的研究者意見影響著錄用率和優秀論文的裁定。當評審者評估論文時，他們會審時度勢，會根據當時向會議或者期刊投稿的論文總體品質情況作出適當調整。不過除去這些不穩定的外界原因，評價論文品質的好壞確有一些放之四海而皆準的因素，下面就來討論這個話題。

首先，請讀者朋友隨我們一起來看看論文的評審過程。不論是會議還是期刊，組織者都會聘請相關資深研究者作為評審者，對遞交的論文進行評估。對於每份提交的論文，通常會有 2～5 名來自於相同或者相關領域的研究者進行評審。有關會議和期刊論文的評審過程，5.8 節和 5.9 節有詳細講述。參與評審的研究者會對論文的很多方面進行打分，比如與會議主題的相關程度、研究工作的新穎性、技術含量等，同時也會提供具體的打分理由。作為評審者，不能隨心所欲，心情好時給高分，心情壞時給低分，而要保證客觀、公平和公正。我們在前面曾經提到，評審者一般是匿名評審，所以在評審過程中，並不應該存在「貓膩兒」，所有文章將被一視同仁。至於對論文各方面的打分情況，則視會議和期刊的不同而有所不同，有些分值為 1～5，有些為 1～10。當涉及以下幾個方面的問題時，評審者必須以打分的方式回覆。

請針對以下幾方面問題對論文進行評分，分值為 1～5 (1 表示強烈否定，5 表示強烈肯定)：

(1) 研究工作和實驗結果是否新穎？
(2) 實驗結果是否具有影響力？
(3) 論文所用技術方法是否正確、可行？
(4) 論文書寫是否清楚明白？
(5) 論文是否應該錄用？
(6) 你對自己評審意見是否有信心？

顯然可見，前兩個問題關心的是研究工作的新穎性和所帶來的影響力，這也是本書一直向讀者朋友強調的，研究的本質就是這兩點，評審論文首要考慮的問題也是這兩點。第三個問題涉及研究工作所用的技術方法，我們在前面章節中曾詳細講述過。研究工作中提到的技術方法對於研究問題來說要正確可行。如果想法並不新穎，實驗結果並沒有帶來很大的影響力，或者技術方法並不合理恰當，那麼論文在前三個問題上的得分將會很低，隨之便會導致論文被錄用的機率降低。等輪到第四個問題時，已經於事無補了，不管寫得有多好。

雖然論文的書寫問題排在了第四位，但這並不暗示可以對此不加重視。我們遇到過很多研究者，其中包括博士研究生，他們所研究的問題非常新穎，也非常有影響力，但怎麼也寫不出清楚明白的論文。這會使得他們的論文在上面第四個問題上的得分很低。不僅如此，論文寫得不夠清楚明白，會使評審者閱讀起來十分吃力，甚至導致對研究工作產生誤解。讀者朋友能夠猜到這會帶來什麼後果嗎？是的，前三個問題的得分也會隨之受到影響。一般來說，頂級會議和期刊的評審者都非常嚴

格，也很謹慎，這意味著如果論文本身的文字對研究工作的新穎性和影響力傳達得不夠清楚，那麼評審者將會對前三個問題有所質疑，從而降低打分。有時候，想法和方法都很不錯，卻因為沒有寫清楚而使得論文跟錄用失之交臂，讀者朋友也覺得可惜吧？所以千萬不要忽視論文的寫作。

我們兩位作者多年來擔任過很多重要會議的組織者，比如程序委員會主席等。我們發現，很多時候，在被拒收的論文中，至少有一半的論文是因為書寫問題而遭到拒收，而這當中包含很多以母語為英語的作者。讀者朋友或許不相信，覺得這是危言聳聽，但事實確實如此。我們將在第 6 章講述一些論文寫作中常見的錯誤和盲點，這些問題與母語無關，它們是研究論文寫作中的通病，也是書寫過程中影響行文流暢的障礙。同時我們也介紹了很多糾正錯誤的小技巧。如果讀者朋友真心採納有關建議，並嘗試相關方法，那麼我們敢保證，論文的書寫問題不會再成為被拒收的理由。

下面進一步討論學術研究論文。

5.4 學術論文寫作的基本常識

讀者朋友，不知道你對學術論文的那些事兒瞭解多少？本小節講述一些有關學術論文的重要寫作要領和基本常識，希望你能夠對學術論文有新的理解和發現。雖然本節內容可以說是在科研領域被廣泛認可的「基本常識」，但很有可能你的指導老師或其他研究者尚未跟你提及過。很多研究新手若不親身「歷練」，是無法瞭解這些「常識」的。

有關學術論文第一項也是最重要的一項常識就是，學術論

文的內容必須真實、可信、準確。這也是學術論文與其他寫作形式不同的一點。小說可以半真實半虛構；散文重在傳神，而非寫實；廣告意在宣傳，稍有誇張也尚非不可。而學術論文不一樣，什麼「傳神」、「寫意」等等統統都不需要，作者始終要保持客觀的立場，有一說一，有二說二，對研究工作的優點和缺點都要展開討論。實驗結果必須真實準確。在論文發表之後，任何材料，包括資料和結果必須保留一段時間以備其他研究者對你的研究工作進行驗證。如果研究者故意對實驗結果造假，或者言語間有意誤導讀者，將會對研究者的信譽造成惡劣影響。最嚴重的情況是，會釀成學術造假的可怕後果。我們偶爾也會聽到有關研究者捏造學術成果的消息，有些是說資料和實驗結果是捏造的，有些是說完全依照研究方法進行試驗卻無法得出相應的結果。如果有這些情況的發生，發表的論文可能會被強行撤回，研究者有可能會因此而丟掉工作。學術研究中，一些毫釐間的錯誤是允許的，但研究者應該保持嚴謹的科研作風，消除一切能夠避免的錯誤。

　　抄襲和剽竊是學術不端的另一種表現形式。很多種行為都可以歸納為抄襲和剽竊，其中之一稱做引用抄襲。這類行為是說作者在闡述自己的研究工作時沒有引用和評價與此相同或類似的現有工作，這樣會給讀者帶來此項工作是作者首創的印象。多數時候作者並非故意如此，可能因為作者沒有找到相關的文獻描述與自己的研究類似的工作，所以對這項工作其實已經存在便無從知情了。對此，大部分評審者不會視作嚴重錯誤，反而會提醒作者應該引用相關文獻。一經提醒，作者不僅要引用這些文獻，還要去閱讀這些文獻，並將其工作在論文中

與自己提出的方法進行比較，展開討論。如果發現有些工作跟目前自己的研究完全一樣或者相似，那麼除非能夠證明你自己的方法優於這些方法，否則就不能再提交此論文了。就算提交了也無濟於事，因為很多已有的方法你都拚不過，不是嗎？

在 3.2 節中，我們曾講過在真正為自己確定一個研究問題之前，「地毯式」的文獻檢索對你來說是多麼重要。正所謂，磨刀不誤砍柴工。只有經過徹底而詳細的文獻檢索，才能對一些感興趣的課題作全面瞭解，這能預防你浪費很多時間再一次開始鋪已經有人鋪好的路。撰寫論文時，如果想要表達所做研究工作的新穎性和獨創性，你可以這樣婉轉地寫：「就我們所知，尚未有研究者進行這方面的研究……」(To the best of our knowledge, our work is original…)

抄襲和剽竊的另外一種行為表現是將相同或者相似的研究內容寫成多篇論文，投遞給不同的會議或者期刊。許多會議和期刊明文規定作者只能提交原創性工作，禁止同時提交多份內容相似的論文。很多論文提交系統為了避免這種現象，專門設有相關程序來檢驗是否一文多投。希望讀者朋友千萬不要犯這種低級錯誤，以免敗壞自己的聲譽。

撰寫論文時，如果你嘗試著把其他研究者的文字一句不動地照搬到自己的論文中，其實這時你已經觸犯了版權法。我們見過一些同學寫論文時，尤其是在寫相關工作和問題介紹兩部分內容時，原封不動地複製黏貼其他論文的文字，可能是幾句或者幾段不等。讀者朋友，或許你會反駁說：「大家對一些成熟的研究問題或者現有工作的描述基本上都是相同的。」這一點我們並不否認，但是「複製黏貼」這種行為本身就是不對

的。即使你引用了原論文，也不應該照抄照搬其文字。反過來想，如果其他研究者「複製黏貼」了你已發表的論文，你將作何感想？不知道讀者朋友有沒有聽到過這樣一則小笑話：「最大的謊言不是明天要早起，而是我已閱讀並同意使用條款。」是這樣嗎？讀者朋友，當你提交論文時，其實你已經默認了論文的出版協議，「任何人，包括作者自己，如果需要轉載本文的任何部分，需要得到書面許可。如果需要引用文中的句子或者段落，要將這些內容標記為引用，並且需將此文列入參考文獻」。

其實有一些小技巧能夠幫助你避免侵犯其他論文的版權。需要寫一段類似的描述時，不要著急，先丟掉手中這份參考文獻，解放自己的思維，出去散散步，嘗試將這段描述用自己理解的語言講出來，並加入自己的見解，覺得通順合理時再返回去，將其寫下來。描述同一事物，10個人會有10種不同的描述方法。以這樣的方式，我們相信你寫出來的文字絕對不會和參考文獻相同，而是具有自己的特點，並有新的觀點。

最後要跟讀者朋友分享的常識是，研究論文必須儘可能詳細地講述研究工作，這樣能夠方便其他研究者在閱讀論文之後重現你的工作。如果讀者朋友曾經重現過其他研究者的工作，一定也能感受到詳細闡述帶給自己的方便吧？在本書中，我們已經無數次探討過研究工作應具有新穎性與影響力。不僅如此，研究工作還要具備可重複性和可驗證性的實驗結果。在本小節前面部分，我們也講過如果其他研究者無法重現你的研究工作，或者得不到相同的實驗結果，那你的研究也算不得夠格的學術研究，還記得嗎？因此，詳細講述論文的每一個環節是

作者的義務。出於篇幅限制的因素，可以略去無關緊要的部分。但如果其他研究者想要詢問有關論文的更詳細內容，作為作者，你應該責無旁貸地提供幫助。事實上，研究是一個「自我調整」和「自我糾正」的過程。對於發表的論文，任何研究者都可以進行分析、重現，也可以此為基礎構建自己的研究。這也是學術研究一直以來秉承的開放、公正和自由理念。如果研究工作涉及商業機密，你可暫不發表，或者在發表以前，申請專利或其他保護機制來避免自己的知識產權受到侵犯。

當你正在為自己的第一篇論文做準備時，一定缺少不了指導老師的幫助和指導。除了指導老師，還可能需要一位文稿校對者來幫你審閱、修改論文。在這期間，你、你的指導老師和文稿校對者三人的職責各是什麼呢？下面的 5.5 節將跟讀者聊聊這方面的內容。

5.5 你、指導老師和文稿校對者

很多同學會選擇到海外求學，即使不是，讀者朋友也會發現自從進了大學，英語就變成了「官方語言」。不管你的母語是中文也好，法語也好，德語也好，西班牙語也好，波斯語也好，寫作時統統以英語為主。我們曾經遇到過有這種想法的同學：「既然我的母語不是英語，就應該由指導老師來寫論文，而我只負責做實驗。」還有些同學這麼想：「論文的第一稿我來寫，而後面的修改、加工、潤色等工程就應該交給指導老師或者校對者。」我們在第 2 章講過，研究新手應該利用任一機會學習獨立，而上述那些想法恰恰是獨立進程中的障礙。不論母語是什麼，就讀博士期間一定要學會獨立寫作論文。

暫且先不談母語為非英語的同學，有些即使是以英語為母語的同學也寫不好學術論文。這不奇怪，就算是讓作家來寫學術論文，恐怕也難免不出錯吧。曾經遇到過一位讀碩士的加拿大同學，他就差點因為畢業論文書寫問題而不能畢業。第 6 章將討論論文的書寫問題，會談及很多寫作過程中與語言無關的易犯錯誤。改正這些錯誤要比修訂語法問題困難得多。指導老師幫助你修改論文時，大部分精力也會放在糾正這些錯誤上。讀者朋友，如果你現在還處於論文書寫訓練期，請務必仔細閱讀第 6 章。

　　在撰寫論文的過程中，要明確你自己的角色、指導老師的角色和文稿校對者的角色。三者有力的配合才能產生出結構合理、邏輯清晰、文筆流暢的論文。下面分別列出了這三個角色在撰寫論文時應該履行的職責。

　　先看指導老師角色的職責：

- 幫助你明確研究問題，理清文章邏輯，規劃整體框架。
- 修改常見的書寫問題，包括語法、表述等，這一點功力你要儘快學會。
- 對於論文如何在文字上表述得更好，提出一些高層面建議。
- 論文提交之前，幫你做最後的各項檢查。

　　你自己的職責：

- 剛開始撰寫論文時，你絕不能缺少指導老師的幫助指導。你應該從老師的悉心指導中儘快提高論文書寫能力 (詳見 5.6 節)。
- 學會獨立，儘快學會完全靠自己書寫全篇論文。

文稿校對者的職責：

當你和指導老師已經幾近完成論文的修改時，便意味著論文的框架、邏輯結構、文字表述等問題已幾乎全部解決了。文稿校對者在此基礎上會對論文作進一步加工和潤色，包括改正一些微小的語法錯誤等。組裡或是系裡的高年級學長都能擔當這一角色。

除非文稿校對者對你的研究工作有一定瞭解或非常熟悉，否則你不能期望其對論文作出很大貢獻。大多數時候，文稿校對者對論文所講述的研究問題、框架流程、邏輯結構等不甚瞭解。所以，他們只能幫助作者修正一些書面錯誤，比如定冠詞「the」的用法等。撰寫論文時，你和你的指導老師所發揮的作用是至關重要的。一篇好論文，不但要求文字流暢無誤，最重要的還是思路正確、邏輯通順。

你的指導老師應該如何對你書寫論文的能力進行指導？而你又應該採取什麼樣的方法來學習這種能力呢？你和你的指導老師該如何協調各自的職責？如果這三個問題解決了，就不愁寫不出一手漂亮論文了。要想瞭解有關資料，就讓我們開始5.6節的閱讀吧。

5.6　寫給指導老師們：如何高效地提高學生的寫作能力？

本節內容源於平時跟同學的交流。時常聽到同學們抱怨，「我寧願寫代碼，也不想寫論文……」，「別人三天就能完成一稿，我三天連三段話都擠不出來呢……」，這些話不免引得作為指導老師的我們開始思考，是我們對學生的寫作能力指導

不夠嗎？於是，產生了本小節的內容。為了提高學生的寫作能力，我們付出了很多心血，特別將幾種高效方法分享於此。讀者朋友，如果你也身為一名指導老師，不妨試試這些方法。當然，如果你有更好的方法，也歡迎與我們分享。如果你是一名正苦於不知如何提高寫作能力的學生，不妨跟指導老師聊一聊此小節的內容，看他是否願意試試這裡的方法。

在準備寫論文的時候，許多指導老師會讓學生先寫論文的第一稿，指導老師會在此稿基礎之上進行修改，然後將修改好的文稿交給學生去更正某些錯誤。這一過程可能要反覆進行好幾次。作為指導老師的你可能有所不知，學生經常弄不懂老師修改的文字，這或許是因為太潦草的關係(有些指導老師喜歡用手寫方式直接在紙稿上修改)，也或許是因為表達上有歧義，學生有時不明白為什麼要這樣修改，而又不敢直接詢問指導老師，只能憑藉上下文去猜測，不免浪費很多時間。如果指導老師不注意這些小細節，則學生的寫作技巧是很難快速提高的。

下面和指導老師們分享一些指導學生寫作的行之有效的方法。我們想，作為指導老師，目的應該是一致的，就是在指導了學生的一兩篇論文之後，學生便能夠完全獨立地進行論文寫作。我們稱這種方法為「循序漸進式指導方法」(progressive improvement method, PI)。這種方法在開初可能花費的精力會多一點，但隨著時間的推進，你會發現學生在撰寫論文方面逐漸變得得心應手，從那一刻開始，你會覺得先前的付出是值得的。所謂「先苦後甜」應該就是這種感覺吧。

PI 方法大體如下：當著手準備論文時，可以讓學生先寫

好某幾部分內容或全文的一半,而不是寫好整篇論文。這幾部分可以包括摘要、引言和新方法或者新理論的介紹等部分。為什麼不完成全文呢?一般來講,學生第一次寫的論文會有很多問題,所以沒有必要要求學生一次寫完全稿,因為反正需要返工,又何必讓學生浪費太多時間去寫一些徒勞的章節呢?

學生按照要求寫好文稿交給你,你大體看過之後便可以跟學生一起坐下來,拿出文稿的第一頁,一字一句地瀏覽一遍,告訴學生你是如何修改的以及為什麼要這樣修改。如果學生的母語是英語,你則可將注意力放在高層面的結構設計、邏輯流程和如何寫出說服力強的文字等方面;如果學生的母語並非英語,你就要仔細到句子結構和詞語使用問題上,對於涉及的每一條寫作技巧和學生出現的每一類錯誤,都應要求學生記錄下來,以防再犯。按照這種方式帶領學生瀏覽一遍文稿的第一頁,然後要求學生總結這些技巧,預防這些錯誤的再次發生,並讓其效仿這種方式親自修改後面的部分,還要開始為文稿填充新內容。

幾天之後,你的學生會帶著修改好的文稿再次交到你手上。這時,你可以先迅速瀏覽一遍你曾經修改的部分,對於可以進一步修改的地方提出些建議。我們在上一段講到一字一句地過論文的第一頁,這次呢,還是按照這種方法,不過這次是跟學生一起一字一句地過第二頁。在正常情況下,有了第一頁的經驗,學生在第二頁中出現的錯誤會減少一半。如果在第一頁中你曾經指出的錯誤又出現在第二頁,則應給予學生嚴厲警告。若是能夠穿越回私塾時代,就該拿出戒尺對準學生的手心「啪啪」打上兩下(這當然是開玩笑,千萬別當真,現在沒有

人會這麼做了)。經過第二頁的瀏覽，學生應該學到了新的技巧，然後再回去繼續修改剩餘部分。同樣地，幾天後學生還會再一次請你看文稿。經過這裡的描述，讀者朋友應該看到，指導第一次寫論文的學生是一個循序漸進的過程，這也是稱此方法為循序漸進式指導方法 (PI 法則) 的原因。這個過程一直持續到論文完全修改完畢才算結束，那時你會發現學生的寫作能力會有非常明顯的提高。

以上這一過程可能要在整篇文章上重複多次才能最終獲得比較完美的結果。在你和學生進行第二次、第三次修改時，可以把注意力轉移到論文的整體框架和邏輯流程的安排上，考慮加入令人信服的實驗結果，以及一些生動形象的實例，使得論文更容易理解等。與修改書面錯誤類似，我們建議你先指導學生在論文中完善其中一個到兩個問題，每次關注一頁到兩頁內容，其餘內容留待學生自己完善。有了你的指導思想在先，學生也應該能夠「照貓畫虎」地將論文餘下的部分修改好。這種框架和邏輯上的修改過程也要反覆多次，才能寫出令人滿意的文稿，這樣的文稿才能提交給頂級會議和期刊。截至論文提交，學生的第一篇論文算是完成了，一般來說，這個時間跨度差不多會耗費數月時間。經過這樣的訓練過程，學生的寫作能力應有非常明顯的提高，也應該完全有可能自己獨立地寫出漂亮的論文了。

學生每次跟你見面都是一次提高的過程，經過你每次一頁兩頁的悉心指導，他們會很快掌握論文書寫技巧。不過，千萬記得，每次糾正的錯誤，每次提醒的技巧，一定要讓學生認真做筆記，留作以後翻查之用。每次見面時修改的文稿版本也應

有所保存，這便於學生觀察修改過程的「進化史」，即便是提交論文以後或者是學生獨立寫作論文後，這些紀錄對其仍然大有參考價值。

　　古人云，「授人以魚不如授人以漁」。這句古訓放在這裡再合適不過了。在學生開始研究工作的初期階段，尤其是初次寫作論文時，身為指導老師，應該多花些時間指導學生，將技巧和經驗傳授給他們，讓他們很快學會如何寫論文，以便在以後的研究生活中，即使沒有指導老師的指導，他們也能寫得一手漂亮的論文。這樣一來，在學生日後的研究生涯中，指導老師就不必再費神費力地指導他們的論文寫作了。尤其對那些畢業以後期望到學術界發展的學生，論文寫作技能必不可少。即使有些學生以後想到工業界發展，博士階段儲備好的文字功力也一定會有用武之地。

　　有時候，我們需要同時指導多位學生的論文寫作。在這種情況下有沒有更高效的方法呢？我們是這麼做的。首先我們會把論文的第一稿分發到每個學生手裡，讓每個人獨立地仔細審閱並修改第一頁內容，修改完成之後，我們使用聊天軟體把大家召集在一起，借用類似於 Teamviewer 的視頻軟體(大家可以透過遠程方式同時觀看同樣的螢幕) 一起討論並修改論文。藉由這種方式，每個學生都能同時學習到寫作方面的技巧，提高寫作能力。這種方式的優點還在於，即使大家位於不同環境，依然能夠一起交流、討論和學習。

　　至此，關於指導老師如何指導學生提高論文寫作能力的內容就介紹完了。接下來討論投遞論文的相關事宜。

5.7 是投會議還是投期刊？

有些學科的學術會議，比如生物學和統計學方面的會議，要求論文的篇幅很短，從形式上可以將其看做更加具體的摘要。這些會議論文的錄用率很高。這些學科舉辦會議的目的是為研究者創造見面交流的機會，用海報 (poster) 形式向大家報告研究者的最新工作成果。每年也許會有數以千計的研究者去參加這類會議。難道這些學科沒有長篇論文嗎？不是的。這些學科的長篇論文都發表於期刊。一些其他學科，比如電腦科學，一般要求 6～12 頁的長篇會議論文，而且採用雙欄、小字、緊湊排版，並且論文要求報告新穎且具有影響力的研究。這些學科相關會議的評審過程非常嚴格，因此錄用率也就隨之變得很低。

如果一篇論文被會議錄用，作者通常會有 20～30 分鐘時間在大會上向其他研究者作口頭報告，有時也會用海報張貼出來。按照常理，這種長篇會議論文與期刊論文幾乎是同等重要的，但是有些大學、院系會區別對待會議論文和期刊論文。

我們列出了長篇會議論文和期刊論文如下的幾項不同點：

- 就評審時間來說，會議論文的評審時間短於期刊論文。兩者的評審過程也大不相同 (詳見 5.8 節和 5.9 節)。因此，對於發展速度較快的學科，論文適合投往學術會議。參加學術會議的另一個好處是可以見到很多研究者，方便擴大學術人際圈。
- 一般來講，會議是每年舉辦一次，要在截止日期前投遞論文。而期刊並無截止日期這一概念。因此，會議的截止日期

對於研究者來說，也是每年一次「交作業」的時間。如果沒有「作業」可交，自然會覺得沮喪；相反地，如果有「作業」可交，雖然忙碌，也是一種快樂。
● 會議論文，包括長篇論文，一般都會有篇幅上的限制。而期刊不限篇幅，多少頁都可以。因此，期刊論文多比會議論文長。如果讀者朋友有些論文發表於會議，我們建議可以將其擴展成一篇更加詳細具體的期刊論文，由圖書館保留。因為圖書館留存的原因，期刊也被研究者稱為「存檔」(archival)。

能夠參加所在領域的頂級會議是進入研究界的標誌之一。舉個例子，在電腦科學領域，每個所屬的小領域，比如人工智能、機器學習等都有自己代表性的頂級會議。如果能參加這些會議，會見到很多頂尖研究者，可聆聽最前沿的研究進展，能與眾多領域內的活躍研究者交談。如果還不曾發表過論文，那麼參加這種會議能帶給你更大的研究動力，你會期望有一天能成為頂尖研究者中的一員。很快，你也會開始考慮將論文投遞給這些頂級會議。如果你的論文被錄用了，你就能夠在眾多研究者面前報告自己的研究工作，此刻那些研究者便成為你的聆聽者，他們也在學習你的工作。這些活動不僅能夠提高自信心，還能鍛鍊自己成為一個日趨成熟的研究者。

投遞論文時究竟應該選擇哪些會議或期刊呢？每個學科都有自己專屬的會議和期刊，如果按級別劃分，有些是頂級會議和期刊，而有些歸為次級。你可能聽說過這樣一則小故事，一篇完全由電腦程式自動生成的論文居然被同行評審的會議和期刊錄用了。可想而知，這個故事所談會議的所謂「同行評審」(peer review) 是什麼。你真的會選擇把自己的文章投遞給這些

所謂的「垃圾」會議和期刊嗎？

在會議和期刊的選擇問題上，我們有以下幾種方法供讀者朋友參考。如果一個會議是領域內的主流會議，就經常會有頂尖的研究者參加。在這裡，我們把「頂尖」定義為研究者的論文被引用的數量很高或 h 指數很高，再或者是領域內「風向標」式的人物。這些會議應該納入你投遞論文的考慮行列。還有一種方法是查看會議歷年來的論文錄用率，那些低於 30% 的會議應該算是主流會議。如果是期刊，是不是要查看其影響因子 (IF) 呢？其實這很難說，因為不同的學科影響因素會有所不同。不會出錯的方法是永遠選擇影響因素排名靠前的期刊，或者影響因素排名在前 25% 的那些期刊。最後一種方法是詢問你的指導老師，他對此應該比你清楚得多，想必能提供很多有用的信息。

投遞論文的相關內容講完了，按順序是不是應該講講論文的評審過程了呢？請繼續往下讀吧。

5.8　會議是如何評審論文的？

我們在本章的很多地方已經多次陸陸續續地提到論文的評審過程了，但是考慮到很多讀者朋友沒有親身參與過這一過程，所以決定在本節仔細講一講。我們兩位作者一直擔任著很多重要會議的論文評審者、程序委員會成員 (program committee member 或 PC member)、高級程序委員會成員 (senior PC member)、程序委員會主席 (PC chairs)、會議主席 (conference chair) 等職務，如果談到預測明天超市會不會再現「搶鹽風暴」，我們可真不知道從何講起，但要是說到論文評

審過程，我們還是經驗豐富的，並且具有相當的資格。那就先聊一聊頂級會議的長篇論文是如何評審的。

當過了會議論文的提交截止日期後，程序委員會主席首先就要剔除一批不滿足篇幅長度要求的論文。甚至，有些論文作者會立刻收到「拒收」通知，原因可能只是篇幅過長或者格式不符合會議論文的有關規定。會議還有很多高級委員會成員，由他們負責監管論文的評審過程。由於遞交的論文數量很多，所以每位高級委員會成員會負責其中一部分。在評審的最後階段，這些高級委員會成員會向委員會主席提供有關論文錄用或是拒收的意見和建議。每篇遞交的論文一般由三位評審者進行評審，這些評審者來自所評審論文的相同或者相關領域。通常情況下，這些評審者不會是論文作者現在或曾經的同事、學生、指導老師及朋友。

評審者在評審論文時主要看哪些內容呢？5.3 節曾簡單描述了優秀論文的一些要素，還希望讀者朋友莫嫌囉唆，我們在此重複強調一遍，做研究最重要的是新穎性和影響力。對比相關領域內現有的研究問題和解決方法等內容，評審者更想看到你所提交的論文與其他工作的不同之處，也就是你的特點所在。如果論文從頭到尾都無法找到特點，那就危險了，因為此時評審者可能就開始思考尋找拒收這篇論文的理由了。

除了搜尋特點之外，評審者還會在論文中尋找證據，這些證據能夠支撐論文中陳述的創新點。搜尋這些證據是為了確保研究工作具有影響力。舉個例子，假設作者在摘要和引言部分闡述了論文中提出了一個新的機器學習算法，這個算法能夠幫助浩瀚資料的社交網路進行聚類。如果實驗部分只是基於小資

料量的社交網路，或者有些經典的聚類算法明顯出現在了相關工作介紹部分，而實驗結果並沒有利用跟這些算法相比較來突出自己的算法優勢，那收到「論文拒收」的通知是怪不得別人的，只能怪自己的研究工作不夠嚴謹。5.3 節講述了在評審過程中，評審者應該對論文的哪些方面打分，此不贅述。相信讀者朋友早已銘記於心。

下面談談論文被拒收的因素。有時一些反面教材更有助於我們的成長，不是嗎？這也叫做缺點逆向思維，是一種利用事物的缺點，化被動為主動，化不利為有利的思維發明方法。老實說，拒收一篇論文要比錄用一篇論文容易得多，拒收的理由千千萬，總能找到適合的一項。換句話說，每篇論文都不可能完美無瑕，或多或少都存在一些問題。之所以有些論文被錄用，有些論文遭拒收，是取決於作者對存在的小瑕疵的處理能力，有人處理得當，有人處理不當，自然最後結果就不同。

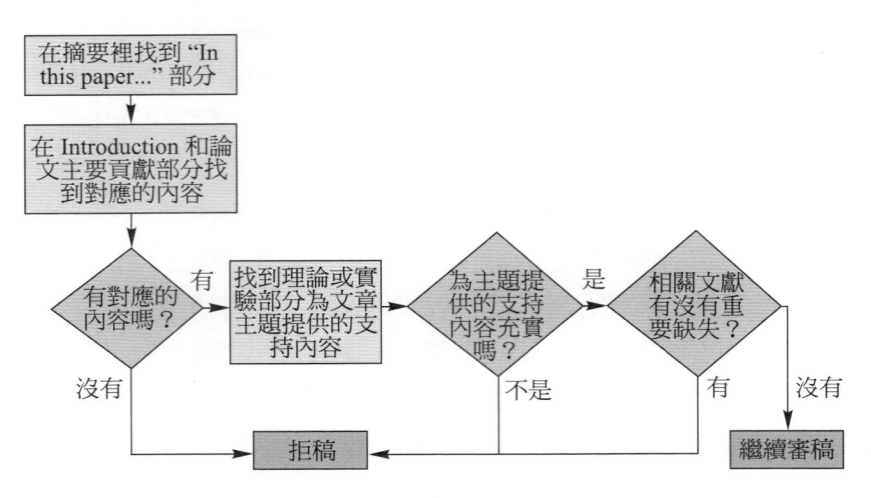

圖 5.2　文章被拒過程簡析

現在，來模擬一次拒收論文過程 (見圖 5.2)。假設我們正在審閱一篇剛剛提交的論文。首先，評審者以摘要部分為開始，一般會尋找關鍵詞「在這篇論文中……」或者是類似的作者陳述此論文的主要貢獻的語句。如果找不到相關的語句，這篇論文怕是命懸一線了。不過，這種在摘要部分找不到類似語句的情況極少會發生。找到之後，評審者便以此作為論文的中心句，繼續閱讀。接下來到了引言部分，評審者會繼續尋找作者對中心句更加具體的解釋性文字 (這與第 6 章提到的自頂向下定義方法一致)。如果評審者在引言部分並未找到任何相關的對中心句的解釋性文字，這表明作者寫論文時沒有遵循恰當的邏輯方法，論文寫得不夠清楚明白，這也是作者書寫功力欠缺的體現。

還有一種相反的情況，對中心句的解釋性文字出現了很多次，出現在論文的多個部分中，這表明論文邏輯錯亂，包含很多語法錯誤。而這兩種截然相反的情況，都會被評審者視為拒收論文的有利證據。如果論文在摘要和引言兩部分明確寫了論文的貢獻點，但作者缺少支撐這些貢獻點的有力證據，比如作者並沒有提到是如何做研究的 (詳見第 4 章)，那麼論文還是存在被拒收的危險。如果論文展示了相關的研究結果，但是作者並沒有在相關工作介紹部分討論或者引用領域內相關的研究工作，憑藉這一點，評審者就可以認為作者對此領域尚不熟悉，這是論文的一大軟肋，也是構成論文被拒收的原因之一。

評審者瀏覽論文這一過程既十分迅速又非常挑剔，現將其評審過程總結如下：在作出拒收或者收錄的決定之前，評審者只需再多 20 分鐘的時間，查看論文的邏輯結構是否合理，書

寫是否清楚明白，相關工作或實驗結果是否足夠。這些內容最終決定了論文的「生死」。所提交的論文即使「活過了」這一階段也不意味著最終一定能被錄用。與闖關遊戲類似，這只是過了第一道關卡，不能放鬆警惕，後面還有更難的關卡等待你。如果這一階段並沒有出現很嚴重的問題，評審者會再花上 30 分鐘時間仔細審閱論文的技術方法部分，將文中的定理、推導和實驗結果都過一遍。在查閱相關的研究論文或是詢問相關領域的專家之後，他們會對論文給出最終的評審意見。

　　近幾年來，因為各種原因，評審者的工作量逐年增加，評審者的負擔也越來越重。舉例來說，某些電腦科學領域的會議平均每次會收到上千份投稿。這樣計算下來，每位評審者要在數週時間內完成 10 多篇論文的評審工作，如此分配給每篇論文的評審時間就會大大減少，而評審工作除了要對論文各項內容進行打分外，還要附上合理詳細的理由或者建議。綜上所述，呈現給評審者具備良好可讀性好的論文是非常重要的，第 6 章將討論如何寫出易讀易懂的論文，同時介紹了一種稱為「10/30 測試」的方法，這種方法可以用來檢驗論文的易讀易懂性。

　　有些會議在對論文作出最終判決之前，會把相關的評審意見告訴作者，並允許作者在規定時間內給予反饋，用來糾正評審者可能出現的誤解；或是對評審者提出的問題進行答覆，這稱為反駁 (rebuttal)。讀者朋友，如果你遇到這樣的機會，切記要盡最大的努力提供簡潔而清晰的回覆。如果遇到評審中對論文有不正確或是不準確的理解，可以堅決地給予糾正，並表達自己的觀點。

只有高級委員會成員和委員會主席才能對提交的論文作出錄用或是拒絕的決定。一旦作出決定，會議便會通知作者，通知函裡要嘛是「恭喜你，你的論文被錄用」，要嘛就是「我們非常遺憾地通知你，你的論文沒有被錄用」。會議論文的審稿，屬於「一鎚子買賣」。這意味著，作者只能接受現實。如果論文被錄用了還好，反之若被拒收，則該論文就與這個會議無緣了，因為會議不會像期刊一樣再度讓作者提交論文的修改版本。

有關會議論文的評審過程先講這麼多，下面來介紹期刊論文的評審過程。

5.9 期刊是如何評審論文的？

與會議論文相似，期刊論文也是經由其他研究者進行同行評審之後才決定是錄用還是拒收。假設你將論文投給某一期刊，期刊主編收到你的論文投稿時，會將投稿遞交給副主編，然後副主編會聘請一些相關的研究者對你的稿件進行評審，同時副主編也會負責論文的評審意見等工作。最終決定你的投稿是否被錄用的還是期刊主編。

與會議論文相比，期刊論文更有深度。兩者的主要區別有以下幾點：第一，期刊對論文投稿沒有篇幅限制。換句話說，隨便作者寫多少頁都可以。篇幅的自由允許作者盡情揮灑文字；沒有頁碼的束縛，作者能以數倍之於會議論文的細緻將研究工作徹徹底底講得清清楚楚。第二，期刊論文的評審過程長於會議論文的評審過程，並且打開評審者和作者之間的雙向對話。這一過程來回數次，是一個非常融洽的「你有疑問我解

答，你有建議我修改」的交流過程。這也是最大的不同點，期刊這種評審風格賦予作者結合評審意見重新修改論文的機會。

下面具體聊聊期刊論文的評審過程。第一輪評審之後，評審者會對論文投稿作出以下四種決定之一：① 接收投稿；② 接收投稿但是需微幅修改；③ 接收投稿但需大幅修改；④ 拒絕投稿。如果作者投稿的狀態是「接收投稿但要修改」的兩個狀態之一，那麼作者要在規定的時間期限內根據評審意見完成論文的修改，然後再次遞交論文。遞交修改好的論文的同時，要附上一份清楚而詳細的回應信，這封回應信需要針對評審提出的每個意見一一作答，尤其是那些負面的意見，更得悉心對待。如果作者認為這些「負面的評審意見」來源於審稿者對研究工作的誤讀誤解，最好的方法是寫一份詳細的反駁信。相反，如果作者認為有些評審意見很具參考意義，對研究工作提出了有價值的建議，便可嘗試在修改論文的過程中採納這些建議，再次提交論文時要指出這些建議反映在論文的哪些地方。說到回應信，其實它可以很長，長達 10 頁並不算一件新鮮事，所以讀者朋友一定要認真對待，評審者提出的任何一條建議都不能遺漏。

第一輪評審中，如果論文狀態是「接收但需大幅修改」，當期刊再次收到你修改好的論文之後，負責你第一次投稿論文的副主編一般依然會負責你這次遞交的論文，那些參與你第一次投稿的評審們也依然會繼續參與目前這一稿的評審。隨著你再次遞交論文，第二輪評審也跟著開始了。千萬不要抱有僥倖心理，以為第一稿反正是接收了，已經吃下一顆定心丸了。在這裡，我們想提醒讀者朋友，期刊論文的評審過程不像「或闖

電路」(OR gate)，只要一個輸入值為真結果就為真。第二輪評審依然可能拒絕你的論文，為什麼呢？因為你對論文的修改有可能不足以使審稿者信服，換句話說，你對論文的修改可能尚未達到讓評審者滿意的程度。第二輪論文的狀態也可能是再次「大幅修改」(較罕見)、「小幅修改」或者「接收」(美好結局) 這三個狀態之一。如果在第二輪的評審中，你的論文狀態是小幅修改，那麼就要再度重新遞交依照評審意見修改好的論文，同時附上針對評審意見的點對點的回應信，這次的回應信一般比第一次短。通常情況下，負責稿件的副主編和幾位指定評審者會檢查修改後的論文是否採納了修改意見，如果正確採納了，他們將會接收投稿，等待出版發表。

讀者朋友，如果你曾經投過期刊論文，在一輪又一輪的評審當中，如果覺得自己好像受到了不公平待遇，或是認為審稿者毫不負責，你可以就此向期刊主編投訴。

從上述可以看到，與會議論文相比，期刊論文的提交和修改是一段很長的過程。這個漫長過程對於研究者，尤其是對研究新手，是一個很好的鍛鍊機會。在評審過程中，聘請的評審者多半來自於相關領域，甚至包括一些資深研究者，他們能夠指出和糾正論文中薄弱的甚至不正確的部分。 在我們接觸過的審稿意見中，有些意見書甚至比論文原文還要長。足見評審者投入的精力之多！所有這些對於未來的研究工作均不失為一大筆財富，這些財富是你投多少篇會議論文也換不來的。雖然期刊論文要等待的發表時間長於會議論文，但為了這些財富，強烈建議讀者朋友在可能的情況下，還是儘量把會議論文擴展成期刊論文。出版的期刊不同於裝訂成冊的會議論文集，在研

究領域，期刊常常被稱做「存檔」。

把長篇會議論文擴展成期刊論文時，需要擴展哪些部分，又需要添加哪些額外的內容呢？每種期刊的要求是不同的，所以不同的期刊對這些問題會有不同的回答。在電腦領域，少數會議會把收錄的大多數會議論文直接轉到相應的期刊，無須修改和擴展便可直接發表。比如電腦圖像會議 ACM SIGGraph[①]會把收錄的大部分論文直接作為 ACM Transactions on Graphics 的期刊論文。之所以能夠這麼做，是因為會議和期刊之間早已擬定好協議書，就版權問題、引用問題做了詳細規定。比如有這樣的規定，會議論文或是相應的期刊論文二者任何一方如果被引用，引用次數不會算到另外一方。

還有一些情況，長篇論文需要增加至少 25%～30% 的新內容，才能考慮作為期刊論文發表。新增內容可以是實驗結果或理論結果，也可以增加對研究工作和對實驗結果進行的討論分析，還可以是與更多參照方法所進行的比對，以上這些內容形式的任意組合也是可行的。如果讀者朋友遇到這種情況，我們建議當你將論文投稿給期刊時，一定要告訴期刊主編，與會議論文相比，提交給期刊的論文做了哪些內容上的添加和更改。

從上述內容中我們可以看出，期刊論文的評審過程和會議論文的評審過程大有不同。如果把評審過程比作對話，會議論文的評審更像是一場單向對話，評審者是發言的一方，而論文提交者則是聆聽的一方。無論發言者決定你的論文是錄用還是

[①] Association of Computing Machinery, Special Interest Group on Graphics and Interactive Techniques; http://www.siggraph.org

拒收，你都無法辯駁，只能聆聽。而期刊論文的評審更像是一場你一言我一語的交談。這種交談以信件的方式可以持續多個回合，這種交談具有更加強烈的互動性。評審者對論文如果有什麼疑問或者不解，論文的提交者有說明解釋的機會。除此之外，從篇幅上看，期刊論文一般長於會議論文，作者有足夠的空間將自己的研究工作仔細地呈現給讀者。讀者朋友，如果你以後打算在學術界發展，我們建議你最好能把自己的研究工作總結整理出一篇到兩篇論文，投到一些頂級期刊去。

5.10 作者的選擇和排序

首先，我們先來講講哪些人應該列為論文的作者。成為作者的必要條件之一是對論文的研究工作作出了積極有效的貢獻。如果有些人的貢獻較小，我們可以將這部分人放到論文的致謝 (acknowledgement) 部分。那這兩部分人有沒有一個區分標準呢？其實並沒有一個公認的標準。一種區分的方法，是看貢獻的實質內容。有些人對論文的研究工作提出了很寶貴、很有價值的意見，有些人對文章的初始想法提出了關鍵性的點子，也有些人對文章的某些重要側面提出了自己的看法，尤其是在跨領域研究方面，這些人自然應該列為作者。而有些人只是作出了一些微小貢獻，這些人最好放到致謝中。

接下來，我們講講作者的排序問題。在學術界，目前有三種論文作者排序的方法。第一種方法是按照姓氏的字母序排序，在理論科學和數學領域採用這種方法比較多。這種方法的優點在於簡單，但是從作者排序中讀者看不出究竟誰的貢獻大些，誰的貢獻小些。如果有人的姓氏以 "A" 開頭，那將永遠

是第一作者了。第二種方法是按照作者的貢獻大小排序。貢獻較大者排在前，貢獻較小者排在後。如何判斷貢獻大小呢？我們先從四個方面單獨來考慮。

　　一般來說，研究問題和研究方法的提出者貢獻最大；對研究問題和研究方法進行論證、實現和實驗的人貢獻次之；論文撰寫者第三；支持研究工作使其得以順利進行的經費提供者(通常是指導老師)貢獻也相當大，但是對某篇具體論文的直接貢獻可能相對小些。所以，如果研究問題和研究方法都來自指導老師的指點，而學生只是進行了相關的實現和驗證工作，並沒有提供創新性想法或者改進策略，這時可以認為指導老師的貢獻大於學生。但要注意，指導老師和學生往往是「多角色」的，所以決定每人貢獻大小並非易事。

　　如果學生在實現驗證的過程中，加入了很多自己的創新性想法，將研究工作提升至一個新的高度，這時我們認為學生的貢獻要大於指導老師，可作為第一作者。一般情況下指導老師提供經費和高層面上的指點，可列為最後作者。很多時候，一篇研究論文產生於小組成員之間的合作。

　　這種情況下，其他合作者應該按照其貢獻大小列在中間。第三種辦法，就是基本上總把學生放在前面，老師放在最後，其他參與者放在中間。這樣做較為簡單。比方說，我們兩位作者會儘量讓自己的博士生作為第一作者，這對那些以當大學教授為理想的博士生會很有幫助的。

5.11 關於 SCI、EI 檢索

就我們所知,國內高等院校對博士生畢業有很多硬性指標,其中一條就是必須要發表 N ($N \geq 2$) 篇 SCI (scientific citation index) 或 EI (engineering index) 檢索的論文。以 SCI 為例,SCI 是美國科學資訊研究所 (ISI) 統計收錄的雜誌和會議的論文集的一個資料庫。ISI 每年都會統計前兩年對某一雜誌的所有文章的被引用數,並獲得每篇文章的平均值,作為影響因素 (impact factor),以此決定將哪些雜誌列為 SCI 資料庫中索引的雜誌。從某種程度上來說,這是一種對雜誌水準的客觀評估。正因為如此,現在越來越多的大學和科研機構以 SCI 為對科研人員的論文進行學術評價的標準。而很多學生、老師都以文章能夠進入 SCI 雜誌為目標。那麼在 SCI 雜誌上發表論文真的有那麼重要嗎?

其實,不論是 SCI 還是 EI,因其檢索的雜誌很多,標準也過於單一,會存在良莠不齊的現象。被檢索的雜誌和會議中,確實有一些好的期刊和會議,但同時也存在一些比較一般甚至比較差的期刊和會議。在很多領域裡,有很多被認為領域先驅的雜誌和會議並沒有被收錄於內。因為這種原因,很多一流學者並不以 SCI 或 EI 為品質標竿,我們也不認為這是評價博士研究工作達標與否的標準。實際上,北美地區的大學,不論是博士畢業還是教授職稱評定,都不會將此列為一項標準。

在這裡,我們想給讀者朋友一些投送論文的建議 (其相關內容在本章前幾小節中已有詳細介紹):不要為了投遞論文而投遞論文。論文代表的是研究者的形象,如果論文被一些影響因素非常低的期刊和會議收錄了,不會帶來任何好的影響,甚

至是毫無意義的。因此，不論是為了畢業還是升遷，都應該選擇一些影響力較大的期刊和會議進行投稿，這對以後的工作和事業是有百利而無一害的。

第 6 章
論文寫作中的盲點和技巧

　　讀者朋友，書桌上那一摞厚厚的論文，你掂量過它的重量嗎？現在請你把手邊最近的那篇論文拿在手上，論文掂在手裡的份量能夠告訴你一些無須閱讀就能知道的事情。當然，你會猜到只是論文的長度罷了。其實不只如此，還有作者向你講述的關於他的研究「故事」。僅有長度和重量不足以作為判定好論文的標準。很多長篇大論最終都淪為廢紙。讀者朋友，請原諒我們用了這麼嚴重的字眼。其實，只要詢問一些身邊的研究者，就會聽到這樣的說法——為了印刷許多種「傻論文」或「垃圾論文」，整片整片的叢林都被砍伐了，真是可惜！論文寫作中，詞語連綴成句，句子連綴成段；有時段落情節緊湊，論文便有了生命，開始呼吸起來。我們將在本章向讀者講述如何讓論文「呼吸」起來。

　　第 5 章向讀者朋友講述了撰寫、投送和評審學術論文的過程。我們兩位作者每年都會評審相當數量的論文，在此過程中，我們發現一些初級研究人員和剛剛開始研究生活的研究生在寫第一篇研究論文時，會走進很多「通病式」的盲點，犯下很多具有共性的錯誤。這些盲點和錯誤與論文寫作的語言無關，即使母語為英語的人也會犯。更諷刺的是，這些錯誤往往比英語語法錯誤更難糾正，它們直接影響著論文的可讀性。因此，針對這些寫作問題，指導老師需要在學生寫博士論文前就

幫助他們糾正過來。在頂級期刊或會議發表論文不僅肯定了相關研究，也是鍛鍊和提高寫作風格的過程。

6.1 盲點一：「我的論文明顯很棒啊！」

很大一部分研究者在論文寫作中存在一個共同的缺點，即沒有在論文中向讀者展示一個強有力的邏輯論證。在他們看來，評審者透過閱讀，再結合上下文便易於得出結論：這是一篇很棒的論文！這種寫作風格可能歸結於作者自身所處的文化氛圍和環境。舉例而言，有些文化宣揚「謙虛、謹慎、戒驕、戒躁」。因此，有人認為寫論文時要保持「謙虛」的態度，等待別人去發覺自己的優點，而不應自我張揚，「顯擺」研究工作的重要性。然而，我們在前面的章節講述過，投遞到頂級會議和期刊的論文數量很多，競爭非常激烈。想要脫穎而出，就要在論文中明確寫出你的研究論點，強調研究工作的重要性和能夠帶來的影響力，強調得越有力，優勢就越大，但不能誇大，這就是你作為作者的責任和義務。

事實上，從大的方面講，研究工作的新穎性和影響力是所有研究論文所服務的中心論點。從本質上來說，每篇論文都是圍繞著這一中心論點而展開的邏輯論證，不同的是，每篇論文關心的研究問題或者研究方法是不同的。而論證一般都會遵循以下幾個邏輯步驟：

- 研究問題對推動科學和工程知識的發展很重要。
  (如果你所研究的問題並不重要，那麼何苦還要去研究、去寫文章呢？)

- 現有工作 A，B，……已完成……方面的工作，但這些方法存在一定的缺點。
  (一般情況下會有一些在這方面現有的工作和方法，如果這些方法已經很完美了，那你也沒有必要再去研究了。)
- 提出了一個新的理論／方法／設計／過程 Z。
  (你應該強調你的研究工作的新穎性，這是 Z 第一次被提出來嗎？Z 的提出能帶來什麼影響？能夠帶來驚人的結果嗎？如果是的話，則應該在論文裡寫清楚。)
- 相較於 A，B 和其他，我們能夠證明／示範 Z 具有更強的優勢 (至少在某些方面)。
  (你能在理論上給予證明嗎？和以前的研究工作以及目前來說最好的方法相比 (詳見第 4 章)，你有沒有做過大量的實驗來證明 Z 的優勢？正是這一比較性的工作，才是凸顯你研究工作具備高影響力和重要性的有力證據。)
- 對 Z 的優點和缺點都要進行討論。
  (「完美」這一詞語唯獨不存在於科研工作的詞典中，任何方法和算法都有弱點。一篇研究論文並不是產品宣傳單，論文講究誠實、公正、準確，所以你應該客觀分析 Z 的弱點。其實，弱點也可能是 Z 的未來工作，這部分討論通常出現在論文的結論部分。)

　　論文中闡述的研究工作包含的每一步都要提供相應的支持論據，至少要向讀者提供解釋性說明文字，邏輯證據越有力、解釋越周密則越好。舉個例子來說，當你強調所研究問題的重要性時，可以在論文中指出過去曾有研究者闡述過這個問題的重要性，並且引用多篇關於此研究問題的應用類型的文章，或

者說明這個問題能夠對現實世界中的設計問題、工程問題和一些應用產生影響。當你在論文中強調自己提出的新理論或者新方法比現有方法好時，應該能夠給出理論證明，或做足夠數量的實驗，利用數字進行比較。與此同時，對結果要進行統計學的顯著性檢驗 (詳見本書第 4 章關於如何證明研究工作的優勢的相關內容)。如果你在論文中說明你的新方法已在現實世界中得以應用，例如已將研究工作成功部署於工業應用，這樣會更加有利於論文論點的證明。你的論點有越多的論據來支持，它就越有說服力。評審者認可論文的機率也會增加，如此看來，你的論文將會有更高的錄用機會。

　　如果你非常肯定論文中提出的新理論、新範例或者新方法，並且前無古人，你就是第一個，那麼你應該在論文中如此表述："To the best of our knowledge, we are the first to propose …" (據我們所知，我們是第一個提出……的) 讀者朋友，這個時候無須謙虛，遣詞造句應明確有力，避免評審者在閱讀時產生歧義。使用主動式句子結構來描述你的研究工作 (we propose …; we demonstrate …) (我們提出了……；我們能夠表明……)；如果使用被動句式 (it was proposed …) (……被提出) 容易造成混淆，閱讀中碰到這樣的表達方式，有可能導致讀者弄不清楚這個方法究竟是誰提出來的，只知道有這麼個方法。所以，讀者朋友，在寫論文時，請你一定要清楚區分你所提出的方法或者理論與現有研究工作之間的區別。

　　我們在前面的內容中講述了要在論文中清楚地向讀者交代一個強有力的論點。在這裡，還想提醒讀者朋友，千萬不能誇大你的研究工作。事實上，超出你在論文中能夠證明的範圍，

或是不在所能夠提供支持性論據的範圍之內的任何內容,你都不應該付諸半點文字。在評審論文的過程中,經常會看到有些作者在論文中闡述「我是最棒的」,這一點恰恰和「我很謙虛」的態度相反,非常之張揚,但是作者並沒有意識到如此闡述是不對的。有時我們還會看到研究者在論文中陳述非常「重量級」的論點(比方說,「我們已經完全解決了人工智能的問題」),但論文中卻完全找不到證明這句話的半點證據。讀者朋友,我們希望你不曾、並且將來也不會做出這等蠢事。因為這會給評審者留下極其惡劣的印象,這樣的論文是不可能錄用的。

讀者朋友,雖然我們一再強調要在論文中凸顯你的研究工作的優勢,而且要提供有力的邏輯證據。但是請注意,這並不意味著就一定要用詞典中表達起來最有力度的那個詞彙。在論文寫作中,對讀者要有尊敬的態度,使用禮貌性的語氣,比如 "to the best of our knowledge, as far as we know"(就我們所知)。同樣地,在討論現有工作的不足時,不管你的方法在性能上超過其他方法多少,也請使用委婉的語氣以示對其他研究者和研究工作的尊敬,比如,"it seems that the previous work …"(現有的工作似乎……)。

有些會議或者期刊會有專門針對某個研究問題的出版物,稱為專刊。如果你打算把論文投遞到相關專刊,在論文中則不需要在文字層面上明確闡述所研究問題的重要性。既然是專刊,這一研究問題的重要性已經不言而喻了,即已然隱藏於問題的描述中。但上述邏輯步驟在論文中依然不應忽略。

總結一下吧,一篇論文實際上是一個邏輯論證,這個論證

有一個永恆不變的中心主題:論文中所討論的研究工作具有新穎性,並且具有很大的影響力。在論文中,你應該著重強調研究工作能夠對研究領域帶來的重大貢獻,不能過於謙虛。除此之外,還要儘可能在論文中提供支持你的論點的論據。同時,提醒一下讀者朋友,不要誇大其詞。其實,這幾點之間的聯繫是一個微妙的平衡。希望讀者朋友在論文寫作上要積極、準確、主動,要在謙虛和誇大之間尋找到一個平衡點。

6.2 盲點二:「讀懂我的論文是你(審稿者)的責任」

私下裡,我們時常會跟很多年輕研究者聊天。在聊天中發現了這麼一個現象,很多時候,他們並非有意把論文寫得晦澀難懂,從而使得評審者和其他讀者看不懂其意欲何為。他們普遍認為讀懂論文是評審者的責任(正如本小節的標題所言)。他們經常責怪評審者沒有足夠的知識,或者沒有花足夠的時間去理解他們的論文(「評審者應該仔細地閱讀我的論文,還要查閱我所發表的論文中的相關引用,這樣才能充分理解我的工作。」「審稿者這麼粗心。他們指出的……,我已經明確地寫在了第 5 頁右列第 23 行!」)。除此以外,還有一些研究者更加離譜,他們甚至認為文章越是難讀難懂,就越能代表作者的高水準,越能代表研究工作之好(「如果我的文章很容易理解,那它怕是太簡單了!」)。他們可能會認為,對於評審者或者其他讀者來說,研究論文很難理解是再自然和正常不過的事了(「我的論文本來就應該難以理解——這可是基於多年的研究成果和我的博士論文的!」)。

在上一小節中，我們講述了論文的中心議題：要證明你的研究工作具有新穎性和影響力，對此要給出強有力的論點。其實，這也是論文寫作的目標。在這裡，我們想告訴讀者朋友，除此之外，對論文的寫作還要強調應儘可能書寫得清楚簡單。讀者朋友對此是否感到有些驚訝？這兩個目標似乎有些矛盾，實則不然，清楚簡單與強有力的論點之間並無矛盾。清楚簡單意在說明書寫的用語，強有力的論點重在強調研究工作的嚴謹。

為什麼要把「清楚」作為論文寫作的一個目標呢？其中一個主要原因是，評審者其實也是研究者，甚至還擔任很多要職，日常工作非常繁忙，你想讓他們花幾個小時來瞭解論文的每一頁，那是絕對不可能的。如果你的論文邏輯混亂，書寫不夠清楚明白，只會平添評審者的煩躁，想必你一定能夠猜到這會帶來什麼後果吧？沒錯！低分和負面的評審意見 (詳見 5.3 節)。另一個原因是，如果你的論文被錄用了，在你的文章發表之後，正如前面所討論的，一些其他研究者將成為你的讀者，這些人可能很想迅速瞭解你的主要研究思想和實驗結果。由這兩方面的原因來看，研究論文沒有理由不寫得直接、簡單、清楚、邏輯脈絡清晰。其實這並不是一件很困難的事，想知道為什麼嗎？請繼續往下讀，我們會細述緣由。

6.3　10/30 檢測法

任何寫作形式，包括寫作學術論文、書寫報告或撰寫博士論文，甚至寫博客、寫微博，都不是專屬於作者一個人的舞台，因為其實你的讀者一直在那裡。只是有時因著我們的自私

而將他們遺忘了。讀者朋友,每當撰寫研究論文的時候,請一定在心中為你的讀者留一片空間,請時刻記著你是在為讀者而寫,你的讀者包括評審者、其他研究者或答辯委員會。你對自己的研究工作傾注了多年的努力,自然對自己的研究非常瞭解。但是你的評審者不一定瞭解你的工作。或許你正是因為太瞭解,才無從下筆,不知道該向讀者從何講起。這個時候,必須將自己的身分轉變成「讀者」,站在讀者的角度去思量文章該怎麼寫。這與為客戶和消費者設計產品是一樣的道理——必須從使用者角度出發,瞭解其需求。

在論文寫作過程中,放在心中第一位的應該是評審者,你必須首先瞭解一般審稿者的知識水準。如果打算將論文投遞到一般的會議或者期刊,在論文的開始部分有必要先用一段文字概括介紹研究問題。進行問題描述時,應該假設評審者對你所研究的具體問題所知甚少,應假設評審者從未參加過你每週的研究會議,也從來不曾看過你的工作報告!在這種假設前提下,評審者想要瞭解你的研究工作就只能依靠握在手中的你的論文,別無他途。如果他們在審閱過程中產生什麼疑問,也不能與你進行面對面的交流,能從其尋求幫助和答案的也只有你的論文!

讀者朋友,可能你有點想要責怪我們兩位作者,「剛剛說,可能因為太過熟悉自己的研究工作,會寫不好論文,讓我們轉變角色,那我們還是不知道寫出來的論文究竟算不算合格啊?」下面我們馬上來消除讀者朋友這方面的顧慮。教讀者朋友一個很有效的測試方法,這個方法能夠檢查論文是否書寫得清楚和明白,我們稱之為「10/30 檢驗法」。對於一般評審者

來說，從開始閱讀論文起計時，看他們能不能在 10 分鐘內搞清楚你的研究問題是什麼，研究工作的主要貢獻是什麼。在此基礎之上，看他們能不能在 30 分鐘內理解你的研究工作，包括方法和流程等 (假設這是一個 10 頁的會議論文)，並作出錄用或是拒收的決定。一般來說，評審者是不會花超過幾個小時的時間來審 一篇文章的 (包括書寫評審意見)。

讀者朋友，在你投遞論文之前，我們建議先把論文拿給一些在相似或者相同領域做研究的同事閱讀，看論文是否可以在這些人身上通過 10/30 測試！如果多數人都通不過，看來論文還是要多加修改才行；如果測試通過了，那麼就放心地投遞論文吧。

有些時候，論文也會發生「兩難」情況，你的工作越有新穎性 (這對研究工作來說是件好事)，你就越難說服評審者認可你的工作。你必須對你的工作進行「溫和」的引進和概述。還要使用技術性細節和令人信服的結果來支持你的論點 (如論文中提出的定義、定理、證明、設計、方法、資料、實驗和應用場景等等)。在論文寫作中，怎麼權衡這兩個相反 (概述和細節) 的任務呢？這個問題是研究論文書寫過程中的關鍵點，將在 6.4 節討論。

6.4 自上而下的寫作方法

自上而下細化的寫作方法，又稱金字塔式寫作。簡要地說，使用這種方法進行論文寫作，要求作者按照從寬泛到具體的流程展示研究工作。這可以透過論文金字塔式的結構來輔助做到。回想一下，在 3.3 節中曾與讀者朋友討論過一篇研究論

文的典型結構 (見圖 6.1)，並講述過這樣的結構如何可以幫助你快速閱讀論文的主要研究思路和實驗結果。不僅讀論文如此，寫論文時，也應遵從這樣的結構，以便論文的讀者，特別是評審者，可以快速輕鬆地獲得論文中的主要研究思路和結果。

下面將更詳細地對這個大家都關心且感興趣的關鍵問題進行詳細解釋。首先，讀者朋友現在應該非常清楚這一點，論文應該有一個中心主題，簡要描述如下：

- 研究問題很重要。
- 對於這個研究問題，雖然目前有一些方法能夠解決，但是這些方法都或多或少存在某些不足。
- 我們提出了新的理論／方法／設計／過程。
- 我們證明／表明了自己所提出的方法優於現有的工作。

在寫研究論文的過程中，需要向論文讀者，尤其是評審者，在不同的細節層次上多次強調這個中心論點。具體的細節層次有：

標題：首先需要在論文題目中強調中心主題。論文標題的長度可能是幾個字，也可能是十幾個字 (比方說，10 個字)。雖然在長度上沒有特別限制，但是它必須是在一個很高的層次上對論文工作的總結 (即不會涉及太多技術細節)。在論文題目的斟字酌句上，頗有學問。標題除了要對研究工作進行高度總結之外，旨在傳達一個積極的令人興奮的訊息，一些詞語，如「改善」、「新穎」等，常被研究者使用，或是論文所涉及的一些「熱點」議題的相關詞語，如「社交網路」等，都可以寫

入標題。

　　如果說寫論文是項艱鉅的工作，那麼創建一個醒目的標題便是一門藝術。論文題目是論文給予讀者的第一印象，很多研究者正是被論文題目所吸引才決定下載並閱讀某篇論文的。這就是為什麼一些經驗豐富的研究者說，一個好的標題，是論文成功的一半。其實，好標題的創建也有某些套路可循。第一條規則是，如果你希望論文在眾多投稿中脫穎而出，無論是在專刊論文 (所謂專刊就是針對某個研究問題的論文集合，通常會包括 10～20 篇論文) 的評審過程中，還是在競爭激烈的會議論文評審中，請先給論文起個響亮的標題。第二條規則是，標題最好不要多於一行，長標題意味著這篇論文的研究工作要嘛過於具體，要嘛作者不善於總結自己的工作。第三條規則是，確保沒有人在你之前使用過相同或非常相似的標題。這條規則可以透過搜索引擎來幫助確認，將你的標題輸入搜索框，不出意外的話，會返回一個包含相似用語的標題列表。你可以嘗試在搜索框中輸入一些相似的標題，看看有多少相應的返回結果，並檢查返回結果中是否包含能夠概括你的研究工作的標題。

　　摘要：論文摘要可能包含幾百字 (比方說，200 字)。它必須是一段在高層面上對完整的中心主題的總結，是論文第一次向讀者講述作者的工作。在圖 6.1 中，我們使用「200 字的故事」和「電梯演講」來描述摘要。也就是說，摘要必須是在較高層面上對論文工作的闡述，摘要的內容要積極、簡單，用 200 字給讀者講一段完整的「研究工作的故事」。就像我們在第 5 章裡說的，摘要應該像電梯演講那樣吸引人們的注意力，你在電梯中的幾分鐘之內便能告訴投資者 (評審者) 你的產品

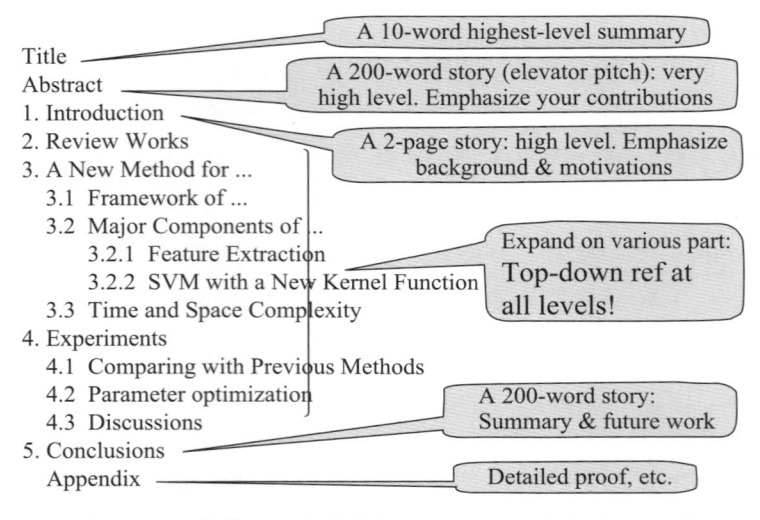

```
Title ─────────────────── [A 10-word highest-level summary]
Abstract ──────────────── [A 200-word story (elevator pitch): very
1. Introduction            high level. Emphasize your contributions]
2. Review Works
3. A New Method for ... ── [A 2-page story: high level. Emphasize
   3.1 Framework of ...     background & motivations]
   3.2 Major Components of ...
       3.2.1 Feature Extraction         [Expand on various part:
       3.2.2 SVM with a New Kernel Function  Top-down ref at
   3.3 Time and Space Complexity         all levels!]
4. Experiments
   4.1 Comparing with Previous Methods
   4.2 Parameter optimization
   4.3 Discussions ─────── [A 200-word story:
5. Conclusions              Summary & future work]
   Appendix ─────────────── [Detailed proof, etc.]
```

圖 6.1　一篇研究論文的提綱：自上而下寫作方法示例

(論文) 如何偉大。電梯停了，人家就已決定投資你的產品了 (喜歡上你的文章了)。

下面是一段摘要的例子。【】中的內容是我們為了方便讀者朋友理解，添加的一些評論。

General web search engines, such as Google and Bing, play an important role in people's life. However, most of them return a flat list of webpages based only on keywords search. It would be ideal if hierarchical browsing on topics and keyword search can be seamlessly combined. In this paper we report our attempt towards building an integrated web search engine with a topic hierarchy. We implement a hierarchical classification system and embed it in our search engine. We also design a novel user interface that allows users to dynamically request for more results when searching any category of the hierarchy. Though the coverage of our current search engine is still small, [be upfront on the weakness of the work] the results, including a user study, have shown that it is better than the flat search engine, and it has a great potential as the next-generation search engine.

搜索引擎，例如，谷歌和必應 (Bing)，在人們的生活中發揮著重要的作用。【研究問題很重要】不過，目前我們所使用的搜索引擎只是返回基於關鍵字搜索的結果列表。【現有的工作存在一定的不足】如果能夠將基於主題的分層瀏覽和關鍵字搜索巧妙地結合在一起，這將帶給使用者更多的便利。在本論文中，我們向讀者展示一個將主題層次與普通的搜索引擎結合在一起的系統。我們實現了一個層次分類系統，並把它嵌入在普通的搜索引擎中。【是對論文所描述工作的一個非常高層次的總結和概括】我們還設計了一種新的使用者界面，這個界面允許使用者動態地在任何類別中搜索更多的結果。【強調研究工作的新穎性和實用性】雖然目前我們的這一搜索引擎索引的網頁數量不多，【是研究工作目前的一項弱點】但是使用者使用的結果顯示，它比普通的搜索引擎更好，有很大的潛力成為下一代的搜索引擎。【使用積極的詞語，以示工作的意義和影響。】

　　讀者朋友，從上面的例子中你可以看到，摘要是一段對中心論點在高層面上的完整的概括性描述，不使用任何技術術語，整段文字洋溢著積極和興奮的語調，想必任何一位讀者讀到這裡都會迫不及待想要看看該系統是如何實現的吧。不僅如

此，摘要中還敘述了研究工作的新穎性和影響力。

引言：一般來說，論文的引言部分通常需要 1～4 頁 (平均 2 頁) 的篇幅。在引言部分，你要向讀者重新闡述論文的中心主題，這時的闡述與摘要相比有所不同，論點的每一部分需要更多的解釋說明，即自上而下的細化。作者也應該在引言部分說明研究問題產生的背景，即為什麼這個研究問題很重要；哪些研究者或者研究工作曾經討論過這個問題；哪些研究者應該閱讀這篇文章，類似的技術曾經用於哪些問題的研究，等等。有一點與摘要類似，即引言也是對研究工作進行高層次的介紹，應該儘量迴避技術術語和細節。

細心的讀者朋友可能發現了，在摘要和引言部分都會闡述論文的論點，比如「這個研究問題很重要」，那麼它們之間的關係是什麼呢？這個問題很簡單！引言中的每個論點都可以對應到相同順序下摘要中的每個論點，不同之處在於引言中的論點更加細化和具體。可以這麼說，摘要中的每個句子擴展成 3～20 句話便構成了引言部分的論點 (20 個句子可以連綴成一個段落)。舉例來說，如果摘要由句子 A，B，C⋯ 組成，那麼引言部分將會由 A_1，A_2，B_1，B_2，⋯，C_1，C_2⋯句子組成。A_i，$i = 1，2，⋯，n$ 組成的句子集合表示句子 A 的擴展。同樣地，句子 B，C 也是如此。如果摘要中的句子順序和邏輯流程更改了，千萬不要忘記應同步修改相應的引言內容。

接著上面我們提到的摘要的例子，以下是對應的引言部分中的一段。同樣地，寫在【⋯】中的內容是我們的批語。

General web search engines (such as Google and Bing)

play an important role in people's life in helping people to find information they want. According to (SEMPO 2009), more than 14 billion searches are conducted globally in each month. However, most of them return a flat list of webpages based only on keywords search. As queries are usually related to topics, simple keyword queries are often insufficient to express such topics as keywords. Many keywords (such as china, chip) are also ambiguous without a topic. It would be ideal if hierarchical browsing and keyword search can be seamlessly combined, to narrow down the scope of search, and to remove ambiguity in keywords. The original Yahoo! Search Engine is a topic directory with hierarchy for easy browsing. However, ...

搜索引擎 (例如，谷歌和必應)，在人們的生活中產生重要作用，因為它們能夠幫助使用者找到想要的訊息。據 (SEMPO 2009) 的報告，全球每月進行超過 14 億次搜索。但是，目前我們所使用的搜索引擎返回的結果僅僅是基於關鍵字搜索的網頁列表。由於搜索的關鍵字通常是和主題相關的，如果使用者輸入過於簡單的關鍵字，比方說，只有兩個字，這時往往無法確定使用者想要搜索的主題。許多關鍵字 (如 china，chip) 如果缺失主題上的界定則會變得含混不清，帶有歧義。如果搜索結果能夠按照話題層次進行組織，結合現有的關鍵字搜索技術，不僅可以縮小搜索範圍，還能消除歧義，這將會給使用者帶來更大的方便和好處。我們所熟知的雅虎搜索引擎，原本是一個有層次結構的主題目錄，能夠方便用戶瀏覽。然而，……

【關於搜索引擎發展的背景】

讀者朋友，從上面的文字你可以看到，引言的前兩個句子只是摘要部分第一句話的進一步闡述。接下來的句子也只是對摘要部分第二和第三句話的進一步說明。除此之外，引言部分還介紹了搜索引擎的背景以及論文中所述研究的動機和理由。

通常，引言的最後部分會向讀者介紹論文的結構安排。一般這只是一小段文字，簡單地告訴讀者論文的結構是如何安排的，以及結構的每部分所描述的內容。有一點還請讀者朋友注意，請儘量使用主動語態。比方說：*We organize the rest of the paper as follows. In Section 2, we discuss previous work on … In Section 3 we describe … . Finally, in Section 4 we show … etc.*（這篇論文的其餘部分組織如下。第 2 節中，我們回顧了現有的工作……在第 3 節中，我們描述了……最後，在第 4 節中，我們展示……等。）

現有工作描述：論文中，可以用一節篇幅回顧現有工作，如圖 6.1 中的第 2 節。從某種程度上看，這是對引言相應內容的更詳細闡述，而引言內容又是對摘要內容的展開敘述。這部分內容的關鍵是要向讀者展示，你已然對經典算法有了很深的認識和理解，只有這樣，你對自己論文中的研究工作的闡述才更有說服力。現有工作回顧沒有必要佔用很長篇幅，但一定要向讀者指出你所提出的工作和現有工作之間的差異。

描述你研究工作的章節：這部分內容是用來描述你的原創性工作，是論文的核心和重點。它的篇幅可能相當長，所以準備這部分內容時，可能需要展開成數個章節。這部分內容是對論文中心論點進行詳細論證。這個時候，你提出的研究工作聚

焦了舞台上所有的鎂光燈。在這些章節中,你要對提出的新理論、新方法或者新過程(圖 6.1 中的第 3 節)進行詳細闡述,要向讀者解釋清楚為什麼你的研究工作具備很大的影響力。換句話說,為什麼你提出的工作在性能上要好過現有的工作(圖 6.1 中的第 4 節)。當然,只要論文的篇幅允許,你可以為這部分內容增加更多的小節(如新理論、部署等相關的描述)。這部分內容的整體結構,也是對引言的相應部分進行的自上而下的進一步細化。

事實上,在論文寫作過程中,不論是小節層次,還是次小節層次,都應該遵循自上而下的細化方法。這種金字塔式的細化方法也應該體現論文的總體結構層次。也就是說,創建高層次的小節(如 3.1 節和 3.2 節),用以描述高層次的思想,然後使用低級別的章節層次結構描述更多的技術細節(如 3.1.1 節,3.1.2 節等),如圖 6.1 所示。

這種金字塔式的寫作方法也能應用在段落的書寫過程中。每個段落都應該有一個中心論點,稱為中心句或主題句,通常段落以此為起始句(例如,「已經證明主動學習可以明顯減少標記實例的數量」)。之後,便可以圍繞著這一中心論點進行更加仔細的闡釋,要說明為什麼以及怎麼做。

結論:在用很大的篇幅寫完你的研究工作所帶來的貢獻之後,在論文的結尾部分,需要給出一個總結或結論。這部分要求你再一次把整個故事從一個較高的層次給讀者講述一遍。結論部分可類似於摘要,但需要更加仔細地說明研究工作的新穎性和影響力。除此之外,還可能需要對未來可能展開的工作進行簡要描述。

如果在寫論文的過程中採取這種自上而下的結構安排，不論是對於評審者還是其他一般讀者，都會使論文描述的研究工作更具可讀性，並能直觀地描繪出你的研究想法。同時，如果讀者願意的話，可以深入任何層次的技術細節和實驗結果。評審論文的過程中，評審者完全可以用 10 分鐘讀完論文的摘要、引言和一些概括性描述，從而能夠在一個較高的層次上瞭解你的研究工作及其主要貢獻。這樣，還能允許評審者再用 30 分鐘的時間迅速讀懂整篇文章，或者自由選擇不同層次的內容進行閱讀。只有這樣，你寫的論文才可能通過 6.3 節所說的「10/30 測試」。

不知道讀者朋友在閱讀本書的過程中，有沒有感覺到這本書很容易理解呢？如果你的答案是肯定的，我們兩位作者將會很高興。這完全歸結於本書的結構編排。我們在寫整本書或是不同的章節時，採取的也是自上而下、層層細化的方法。讀到這裡，你的手指是否有些躍躍欲試，有種想要寫論文的衝動了呢？請讀者朋友在寫論文的時候也嘗試一下這種方法吧！

6.5　創建有層次的文章結構，選擇合適的結構標題

我們講述了採用自上而下、層層細化的結構化寫作方法，這種方法無論是對研究者組織、撰寫論文，還是對評審者審閱論文，都有著無比重要的作用。尤其是對作者來說，創建各種層次的 (小節) 論文結構，並恰當地選擇結構標題，能夠很好地反映論文的整體邏輯結構，大大增強論文的可讀性。讀者朋友，在寫作論文時，要避免某些小節的內容過長；如果內容非

常多，可再細分成若干次小節。舉例而言，如果對現有工作描述的小節內容很長，那最好把該節分成多個次小節 (如 2.1 節，2.2 節等)，每個次小節分別討論一種現有的研究工作。還要強調一點，就是應避免使用非常深的層次結構 (如 3.1.2.1.1 節等)。通常，論文章節結構的深度不要超過 3～4 層。如果你遇到必須使用很深層次結構的情況，可考慮在高層次的結構安排上增加更多的並列結構 (例如，第 3 節寫新理論，第 4 節寫新方法)，而不要把所有的內容都堆積在第 3 節中。

在每大節或每小節的開篇，應該用一個段落簡要介紹本節內容。例如，第 3 節和 3.1 節之間應該有一些關於整個第 3 節內容的介紹，這種承接式介紹文字的篇幅通常限於一個段落左右。同樣，在 3.1.1 節開始前，應該為 3.1 節寫一些介紹文字。這正是自上而下的細化方法在論文寫作中的應用。

寫作過程本身是一個自上而下的細化過程。當學生準備自己寫第二篇或第三篇論文時，作為指導老師，我們還是會細心地指導他們寫論文的摘要部分和 2～3 級大綱 (包括小節標題和一些非常簡短的內容)。這些內容體現了論文的邏輯性、一致性和連貫性。完成這些工作指導後，我們便要求學生使用自上而下的方法將每一節的內容「填滿」，加上一些詳細闡述。利用這種方法，易於讓學生寫出邏輯清晰的好論文。

6.6　論文寫作技巧

前面討論了很多在論文寫作過程中易犯的錯誤和存在的一些盲點，並講述了如何糾正它們。本小節將介紹很多寫作方面的技巧，這些技巧有些來源於我們多年的寫作經驗，有些是在

與其他研究者和評審者交流時收穫的信息，在此與讀者朋友分享。

6.6.1 使用特定詞語來提示讀者

當你要在高層面上描述研究工作時，可以使用一些特定詞語，又稱關鍵詞，用來暗示讀者哪些內容比較重要，而哪些內容是可以跳過的。讀者朋友請看下面給出的例子，例子中帶有下畫線的詞便是特定詞語。

"We will first describe our method at a high level here. It consists of four major steps. We will describe them briefly below."（在這裡，我們首先對自己提出的方法進行高層面的描述。這一方法由四個主要步驟組成。下面我們將簡要介紹這幾個步驟。）

"The intuition of our method is that …"（我們的方法，從直觀上來看……）

"We will describe a proof sketch first to give some intuition about the theorem and the proof."（我們首先會簡要描述定理和證明，讓讀者有個直觀理解。）

"Generally speaking, our method is …"（不失一般性，我們提出的方法……）

與高層面的描述相同，技術細節方面的闡述同樣也需要使用一些特定詞語，例如：

"More specifically, …"（具體地說，……）

"For example, …"（舉例來說，……）

"We provide details of Step 3 as follows …"（第三步的詳

細描述如下……)

"Below we give a detailed breakdown of our experiment results." (下面，我們將對實驗結果進行詳細分析。)

這些特定詞語想傳達給評審者的訊息是，我要開始細節描述了，如果你只想瞭解方法的整體流程，大可跳過這一段。

儘可能簡單，但不過於簡單：愛因斯坦有一句名言，「理論應該儘可能的簡單，但不能過於簡單」。這同樣適用於論文寫作。很多研究新手無法在寫作上取得較大提高的原因，是因為他們認為好論文就意味著使用的句子結構必須很複雜，語句必須很長。實則不然，好論文首先要清楚，這意味著應該使用簡單直接的句子。很多時候，過於冗長的句子表達也會顯得過於笨拙，與其給讀者造成理解上的困擾，倒不如把分句結構拆成多個簡單句，從而增強可讀性。我們從一篇由博士研究生寫的論文文稿中摘抄了一段原文如下：

"There are two basic functionalities that we expect our system to offer: an effective knowledge organization model to represent the panorama of knowledge in levels and scales, named MKN model; a multi-faceted eBook retrieval system based on MKN model to ease the searching and cognitive process for users, named MIQS, using Facet Grouping, Multi-scale Relevance Analysis, and Information Visualization to overcome the difficulties above."
「我們期望系統能夠具備兩大功能：能夠在層次和規模上表現全局知識水準的有效的知識組織模型，稱之為 MKN 模型；基於 MKN 模型的能夠給使用者帶來輕鬆的搜索和認知過程，借用多面分組 (Facet Grouping)，多規模相關分析 (Multi-scale

Relevance Analysis)，資訊可視化 (Information Visualization) 等技術克服以上提到的困難的多方位電子書檢索系統，稱之為 MIQS。」

　　讀者朋友是否發現這整整一個段落其實只是一句話！雖然語法上沒什麼錯誤，但不得不說一口氣讀完真的很費勁，並且真的很難理解。有趣的是，當我們詢問這位同學為什麼採用如此複雜結構的長句時，他回答說，「我一直在準備 GRE 考試」。我們知道，很多研究生院入學申請把 GRE 成績作為錄取的標準之一，它的特點就是用詞生僻，句法複雜，尤其體現在閱讀理解這部分。不過我們想問一句，「你真的想用你的論文來測試評審者的閱讀水準嗎？」千萬不要這麼做，因為最後收到「不達標」通知函的會是你。

　　上面一段話被我們修改之後，變成了以下 8 個簡單句：

　　"There are two basic functionalities that we expect our system to offer. The first functionality is an effective knowledge organization model. It represents the panorama of knowledge in levels and scales. We call it the MKN model. The second functionality is a multi-faceted eBook retrieval system. It is based on the MKN model to ease the searching and cognitive process for users. We call it MIQS. It uses facet grouping, multi-scale relevance analysis, and information visualization to overcome the difficulties mentioned earlier."

「我們期望系統能夠具備以下兩項功能，第一，有效地知識組織模型。這一模型能夠顯示不同的層級和規模的全局知識。我們稱之為 MKN 模型。第二，多方位的電子書檢索系統。

這一系統基於 MKN 模型,能夠提供使用者輕鬆的搜索和認知過程。我們稱之為 MIQS。這一系統借用多面分組 (Facet Grouping),多規模相關分析 (Multi-scale Relevance Analysis),資訊可視化 (Information Visualization) 等技術克服了我們在前面提到的一些困難。」

面對簡單、直接、邏輯性強的文字,試問哪個評審者會看著不愉悅呢?

即使你想傳達給讀者的研究想法、方法或者實驗結果很複雜,也還是應該儘量使用簡單方式表述。假如你的論文以很多複雜資料為基礎,尤其以量化資料為主時,應將語言表達形式轉換為表格、圖表等視覺表達形式。這種呈現方式會給人以客觀而準確的感覺,讀者反而可以系統地觀察並自行獲得結論。

6.6.2 通篇使用少量且一致性的術語

論文清晰易懂的另外一個重要「法寶」是表達符號和專業術語的使用規則。在論文寫作中,通篇儘量使用少量且一致的術語。舉個例子,在論文的開始你用 X 表示一個矩陣,過了兩段之後又開始用 M 表示同一個矩陣。這種做法要堅決杜絕!既然用了 X 就通篇用到底,免得為評審者增添無謂的煩惱。很多專業術語表達的意思是一樣的,不同的作者因著不同的喜好會使用不同的詞語來表示同一個意思。小說、詩歌等的寫作提倡的是不重複用詞,考究的是作者的詞彙儲備。而學術論文的寫作恰恰相反,這一點研究者須格外注意,寫作學術論文之時不是炫耀大到驚人的詞彙量的時候,而保持術語的一致性對於論文的解讀有著不可輕視的作用。如同上例,針對同一

個矩陣採用了兩種不同的表示符號，無疑會給評審者帶來困惑。再舉一例，在訊息檢索領域，研究者主要的研究問題是如何為文檔建立索引，從而使得檢索更加高效。大家普遍認同的一個評價準則是測試集上的準確率 (precision on test data)。然而在很多論文中，也有研究者使用測試集精準度 (precision on testing data)、驗證集上的準確率 (precision on validation set)、測試集準確率 (test-set precision)、測試集上正確檢索的百分比 (percent of correct retrieval on test set) 等諸多不同術語。如果你在同一篇論文中對「測試集上的準確率」這一概念交替採用了多種不同的表達方式，那麼評審者非要被你弄得頭昏眼花不可。

由此可見，術語的一致性對於評審者理解你的論文是多麼重要。如果你非要「不走尋常路」，講究標新立異，我們建議你在論文寫作中儘早定義好要用的術語。此時正式的語言定義或者非正式的語言定義均可，甚至最好能以表格形式對術語作簡要說明。

6.6.3 儘早使用實例，貫穿全文

抽象的概念，複雜的理論，繁瑣的建模過程，這些文字從讀者的角度看都是涉及專業知識的，當論文要對這些內容進行解釋說明時，最好的方法是借用一兩個生動形象的例子來幫助理解。我們稱這種方式為「講故事」，並且越早將「故事」情境交代給讀者越好。如果在「故事」開始以前就向評審者灌輸抽象的概念、理論和模型構建，恐怕評審者不僅會迷失在那一堆符號和定義中，更嚴重的是會對你的論文失去興趣。讀者朋

友應該極力避免這種事的發生，所以在長篇大論之前，應該儘早將讀者帶入一個「故事」情境中，確保在引導評審者瞭解你的研究工作之前是和你「處於同一個故事中」。隨著研究工作描述的展開，你的「故事情節」也在發展。這也是我們稱之為「故事」的原因，因為這是根據「劇本情節」發展的。閱讀本書時，讀者朋友應該能感受到，我們並沒有完全使用教條式的文字，而是經常輔以博士生的例子，這樣做的目的是真心希望帶給讀者朋友更好的理解和閱讀的樂趣。

6.6.4 視覺化表達

如果說「講故事」是提供額外的語言形式的輔助閱讀，那麼圖表、流程圖、圖片、圖形、圖畫、插圖、表格等便是視覺形式的輔助閱讀。在論文寫作中，對這些內容形式的使用無須吝嗇。讀者朋友可能也發現了，我們在本書中使用了很多圖形。設想一下，如果沒有這些圖形，當談及一些座標和象限時，你需要在自己腦中描繪一番。如果能正確描繪還好，否則若你的描繪跟我們的文字有偏差，那對本書部分內容的理解也自然會造成偏差吧？正所謂「有圖有真相」，一幅圖的力量要遠遠超過文字。描述同樣的事物，若採用視覺形式，相較於語言形式，讀者接受和理解起來會更快。這無疑能夠節省評審者理解論文的時間，何樂而不為呢？

6.6.5 寫清動機，解釋論證

我們在前面強調過，寫論文時一定要將自己的角色從作者轉變成讀者。這一角色轉變會讓你意識到該如何表達，而良好

的表達對於論文的理解十分重要。你的讀者群一般會很大，有些讀者是研究問題所屬領域的專家，而有些讀者其實是論文中所研究問題的「門外漢」。你必須站在讀者多樣性的角度去思考「讀者需要知道什麼」。因此，當你洋洋灑灑地描述新穎的理論、方法和建模過程時，有必要先向讀者交代研究動機，至少要從直觀上解釋為什麼這麼做是可行的。如果你在論文中使用了新的數學公式，就要向讀者解釋選擇這種公式和參數的原因。

你可能對一個研究問題已經進行了數月甚至數年的研究，讓你用幾句話概括研究動機確實有些不容易。回想你第一次有了一些研究上的發現時，那個時候如果讓你闡述研究動機，你應該能說出個一二三來。但是，當時間在敲打鍵盤的指尖中悄悄滑過時，這個研究動機也開始在你腦中淡化了。試著再回想一下你最初的研究動機，試著將你的研究工作解釋給一些不太瞭解所研究問題的同事聽。還有一種方法，在研究過程中，隨著研究的深入，不要忘記時刻記錄每個階段的研究動機。這些紀錄都是研究的軌跡，隨時可以翻看和參考。

與研究動機類似，你要對在研究中作出的一些重要選擇進行解釋論證。舉例來說，在實驗和資料中為什麼要選擇那些特殊參數？為什麼你只對過程中的某幾個步驟進行了合併而其他步驟卻沒有合併進去？這些都可能是評審者或一般讀者在閱讀過程中產生的疑問。因此，對你作出的每一步選擇都應儘量解釋清楚原因。有時，評審者可能對你的解釋有異議，但這種情況比看不到解釋要好很多。因為如果看不到解釋性文字，評審者會對研究工作產生懷疑，甚至產生負面的評審意見。

6.6.6 自問自答

從某種程度上說，我們寫論文時始終是要「取悅」讀者的，尤其是評審者，他們是第一次審讀你的論文，你要讓他們認可你的論點，肯定你的工作。如何「取悅」呢？在寫論文的過程中一定要仔細思考這個問題，「評審者閱讀我的論文時會產生什麼疑問呢？」其實，評審者在論文的任何地方都可能產生疑問。比方說，在引言部分，閱讀完研究問題描述和你提出的解決方法之後，評審者可能會產生這樣的疑問，「為什麼你不採取一些現有的方法，可能稍加修改就能很有效地解決這個問題？」在實驗部分，評審者有可能會有這樣的疑問，「為什麼沒有採用不同的資料和方法，或者不同的最佳化過程？」

如果能夠在論文中向讀者交代清楚研究動機並且給予恰當的解釋說明，就可以消除評審者可能產生的疑問。然而，有時你並不知道評審者會對論文的哪一部分產生疑問。遇到這種情況，轉換角色的作用就體現出來了。將自己由作者變身為讀者，在閱讀自己論文的過程中，將認為最可能產生疑問的地方做標記，那麼這個地方就是你可以自問自答之處。

最簡單標記方式是使用下列語句，*"One might wonder …"*（有人可能會想……），*"One might argue that …"*（有人可能會質疑……）。這種語句會引導讀者向作者的思維靠攏。將讀者成功拉攏過來之後，你要給出一些簡潔答案。如果你自問之處恰恰是評審者在閱讀論文時產生疑問的地方，那麼這些緊隨其後讓人滿意的答案會為你的論文增色不少。讀者朋友，你能想像得到此時評審者該是多麼滿足嗎？

6.6.7 多次強調關鍵點

每當論文季到來，隨著評審結果的公佈，我們時常會聽到一些同學開始埋怨評審者。主要的抱怨點集中在評審者的「粗心」方面。這個「粗心」怎麼解釋呢？按照這些同學的說法是這樣：評審者提出的問題的答案其實就出現在論文中，但是評審者卻沒看到。

我們先前就跟讀者朋友講述過，評審者本身也是非常繁忙的研究者，各種事務纏身，他們審閱論文的時間非常有限。如果論文中有些語句傳達的訊息非常重要，那麼我們建議你要對這些語句進行強調，並且要在論文中，尤其是在高層面介紹性的章節中，重申多次。除了語言形式的重申外，還可以選擇其他多種方式，比如採用圖形、列表、標題等進行多方面描述。需要強調和重申多少次才合適呢？在回答這個問題之前，我們先反問讀者朋友一個問題，在本書中，我們對自上而下撰寫論文這一關鍵點重申了幾遍呢？如果讀者知道這個問題的答案，那麼前一個問題的答案也就不言而喻了。

在闡述你的方法時，如果你提出的方法與現有方法相比，僅有小小的不同。而這一不同點正是你方法的關鍵，但你擔心評審者很有可能會忽略這一點，這時，你一定要把這一關鍵點指出來，強調這一關鍵性的不同。在整篇論文中，包括引言和總結部分，你應該多次重申這一關鍵性的不同點，從而引起評審者的注意。

6.6.8 前後呼應

論文的連接性和前後呼應，是時常被研究新手忽略的一種

6.7 其他盲點和錯誤

不論是在指導學生寫作論文的過程中,還是在評審論文的過程中,除了前面我們發現並提到的一些寫作盲點外,還存在很多其他常見錯誤。因為本書的初衷在於指導科學工程領域的研究者如何做研究,所以還請讀者朋友不要介意我們僅僅選擇講解了其中比較常見、對論文可讀性影響較大的一些錯誤。不過,我們計劃另外專門寫一本針對如何提高論文寫作這個話題的書。下面簡單列出一些其他常見的對論文寫作的錯誤認識:

- *"My work is really elegant and beautiful. It has a lot of math: definitions, theorems, and long proofs. Don't blame me if reviewers cannot understand it!"*

  「我的研究工作多麼優雅,多麼漂亮。這麼多的公式、定義和證明,評審者理解不了可不是我的錯!」

- *"To emphasize that our method is so much more superior, I use a lot bold, italic, !, and super strong language in the paper. My supervisor removes most of them. Is he insane or what??!"*

  「為了強調我的方法多麼好、多麼妙,我在論文中用了很多大寫,粗體,斜體,感嘆號和很多強烈式的表達。但我的指導老師在修改時大都給刪掉了,他怎麼回事兒啊??瘋了??!」

- *"My supervisor always corrects little things in English that appear everywhere even in newspapers, books (even this book), and magazines. For example, he would change 'it can't …' to 'it cannot …'. It's really a waste of time, isn't it?"*

第 6 章　論文寫作中的盲點和技巧 ▶ *173*

	AC+0.3	AC+0.5	AC+0.7	AC0.3	AC0.5	AC0.7	RD+0.3	RD+0.5	RD+0.7	RD0.3	RD0.5	RD0.7	Total
AC+0.3	0/0/0	0/1/2	0/2/1	1/2/0	0/3/0	0/3/0	1/2/0	1/2/0	2/1/0	2/1/0	2/1/0	2/1/0	11/19/3
AC+0.5	**2/1/0**	**0/0/0**	**1/2/0**	**3/0/0**	**3/0/0**	**3/0/0**	**2/1/0**	**3/0/0**	**3/0/0**	**3/0/0**	**3/0/0**	**3/0/0**	**29/4/0**
AC+0.7	1/2/0	0/2/1	0/0/0	3/0/0	2/1/0	3/0/0	1/2/0	1/2/0	1/2/0	3/0/0	3/0/0	3/0/0	23/9/1
AC0.3	0/2/1	0/0/3	0/0/3	0/0/0	0/1/2	0/2/1	0/2/1	1/0/2	1/2/0	3/0/0	3/0/0	3/0/0	11/9/13
AC0.5	0/3/0	0/0/3	0/1/2	2/1/0	0/0/0	0/1/2	1/1/1	1/1/1	1/1/1	3/0/0	3/0/0	3/0/0	15/11/7
AC0.7	0/3/0	0/0/3	0/1/2	1/2/0	0/3/0	0/0/0	1/1/1	1/1/1	2/1/0	3/0/0	3/0/0	3/0/0	14/12/7
RD+0.3	0/2/1	0/1/2	0/1/2	1/2/0	1/1/1	1/1/1	0/0/0	0/3/0	1/2/0	3/0/0	3/0/0	3/0/0	13/13/7
RD+0.5	**0/2/1**	**0/0/3**	**0/2/1**	**2/0/1**	**1/1/1**	**1/1/1**	**0/3/0**	**0/0/0**	**1/2/0**	**3/0/0**	**3/0/0**	**3/0/0**	**14/11/8**
RD+0.7	0/1/2	0/0/3	0/0/3	0/2/1	0/1/2	0/1/2	0/2/1	0/2/1	0/0/0	3/0/0	3/0/0	3/0/0	9/9/15
RD0.3	0/2/2	0/0/3	0/0/3	0/0/3	0/0/3	0/0/3	0/0/3	0/0/3	0/0/3	0/0/0	0/30	0/3/0	0/7/26
RD0.5	0/1/2	0/0/3	0/0/3	0/0/3	0/0/3	0/0/3	0/0/3	0/0/3	0/0/3	3/0/0	0/0/0	0/3/0	0/7/26
RD0.7	0/1/2	0/0/3	0/0/3	0/0/3	0/0/3	0/0/3	0/0/3	0/0/3	0/0/3	3/0/0	0/3/0	0/0/0	0/7/26

Table III: The average positive class ratio at top three level of hierarchy at the last iteration of both active selection and random selection on three datasets under thresholds 0.3, 0.5 and 0.7.

Level	Threshold	OHSUMED AC+	AC	RD+	RD	RCV1-v2 AC+	AC	RD+	RD	DMOZ AC+	AC	RD+	RD
1	0.3	0.17	0.14	0.13	0.06	0.48	0.27	0.58	0.24	0.14	0.07	0.18	0.04
	0.5	0.20	0.14	0.16	0.06	0.61	0.32	0.67	0.27	0.19	0.08	0.22	0.05
	0.7	0.22	0.15	0.16	0.06	0.68	0.33	0.71	0.29	0.19	0.09	0.19	0.05
2	0.3	0.22	0.22	0.17	0.16	0.16	0.15	0.14	0.10	0.14	0.13	0.15	0.10
	0.5	0.24	0.22	0.18	0.16	0.19	0.16	0.16	0.10	0.16	0.13	0.14	0.10
	0.7	0.24	0.21	0.18	0.16	0.20	0.15	0.15	0.10	0.15	0.12	0.13	0.10
3	0.3	0.40	0.40	0.38	0.37	0.37	0.38	0.36	0.36	0.32	0.32	0.31	0.31
	0.5	0.40	0.40	0.39	0.39	0.38	0.38	0.37	0.37	0.33	0.33	0.31	0.32
	0.7	0.41	0.40	0.40	0.40	0.39	0.39	0.38	0.38	0.32	0.32	0.31	0.32

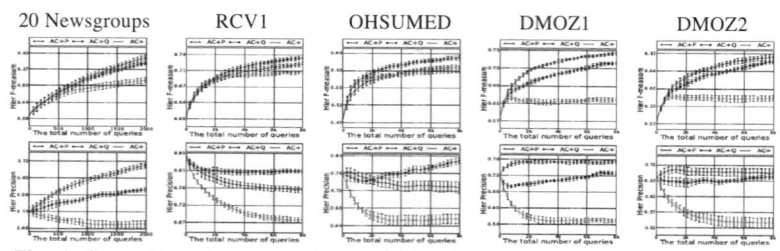

Fig. 4: Comparison between $AC + P$, $AC + Q$ and $AC+$ in terms of hierarchical F-measure (upper row) and precision (bottom row).

圖 6.2　圖表中實驗結果過多的示例

只有這樣才能體現嚴謹的研究態度。事實上，在論文中只需把與研究工作最相關的內容、對研究工作影響最大的環節總結清楚即可。尤其是在使用圖形和表格時，力求簡明扼要，一定不能把不太相關的內容也拉扯進來。

第二件評審過程中遇到的惱火事是關於圖表的標題。有些研究者不喜歡給圖表加標題，而更傾向於以文字敘述的形式放到論文中；而另一些研究者卻傾向於添加標題。我們更傾向後者。標題是距離圖或者表最近（上方或者底部）的文字，評審者會在同一時間見到圖表以及相應的文字性說明，從而無須在正文中尋找。

　　第三件惱火的是有關論文所用的字體。我們在評審過程中經常遇到圖或者表中的文字太小，以至於小到看不清楚的地步。太小的原因是由於在圖或者表中充塞了過多的文字。許多作者為了向評審者呈現「我們真的做了很多工作」，於是將文字儘可能多地填入圖或者表中。在一篇空間有限的論文中，堆積過多的圖形，將密密麻麻的曲線交錯在同一張圖中或將表格弄得過於繁瑣，都會導致字體過小。

　　有時，不光是小字體會給評審者帶來困擾。如果作者在一張圖上或者一張表格內填充了過量的訊息，評審者也會不知道從哪裡看起才好。切記，論文寫作最忌諱的一點就是把所有訊息一股腦兒地推給評審者，讓評審者自己去猜哪些重要、哪些不重要。如果那樣做，若是沒有你親自在旁邊進行導讀，任何人來讀你的論文都不會輕鬆。讀者只能依靠你的文字去瞭解哪些地方應該注意，哪些地方應該略過，所以請儘量在圖表中給讀者展示清晰簡明且具指導性的內容。我們在圖 6.2 中給讀者朋友呈現了一張寫有過多實驗結果的圖表例子，希望讀者朋友以此為鑑，不要犯同樣的錯誤。

　　研究新手寫論文時通常表達慾望非常強烈，總想在有限的空間內將論文涉及的方方面面全都呈現給讀者，他們認為似乎

寫作技巧。論文的易讀易懂性與論文的前後呼應緊密相連。在論文中使用恰到好處的連接詞能夠將論文的各個部分連接成一個整體，前後呼應。例如，我們在本書的很多地方都使用了「詳見第……章」，「我們曾在第……章討論過……」，「回想……」等連接詞。事實上，任何時候只要你要寫的內容已經在前面某處談過，或者將要在後面討論，都可考慮加入類似的連接詞。這樣寫出來的論文既連貫一致又容易理解。

6.6.9 論文格式

前面各小節講述了很多關於如何寫出易讀易懂論文的方法和技巧。除了以上所講的之外，其實還有很多，在此僅講述了最重要的幾項。如果讀者朋友還想瞭解更多信息，我們向你推薦《風格的要素》這本書。本小節中，我們將重點放在論文的書寫格式上。有些同學認為「格式問題」是論文寫作中最微不足道的事，而本節將告訴你，即使是「最微不足道」的事，也應該納入撰寫論文時的考慮範圍。

評審論文時，經常讓我們惱火的一件事是，圖形、圖表和相應的文字說明不在同一頁。尤其是當作者使用 LaTex 作為編輯論文的軟體時，這種情況的發生更加頻繁。LaTex 軟體有個特點，它會自動對圖形、圖表進行排版。讀者朋友，你能想像得到嗎？評審者為了將圖表和文字對應上，滑鼠滾軸需要前前後後、來來回回轉上好幾圈，如果換成你，心情能好嗎？LaTex 軟體允許使用者自定義論文排版。如果論文涉及圖形和圖表，我們建議讀者朋友利用手動將其和對應的文字排版到同一頁面，位置要儘可能接近。

「我的指導老師總是幫我修改一些芝麻綠豆般的小事,如果我在論文中使用了很多報紙、書本、雜誌中常見的書寫方式,比方說,我用了'it can't (它不能)',他就幫我改成'it cannot'。這有必要嗎?難道不是在浪費時間嗎?」

- "I am putting so much new contributions in the paper, including new theory, proofs, algorithms, experiments, and even an implemented system, so that it cannot be rejected by reviewers."

「我的論文有很多貢獻,包括新的理論、新的證明、新的算法、新的實驗,甚至還實現了一個完整的系統。評審者應該不會拒收我的論文吧?」

- "My supervisor asked me to revise the paper further. I think it is already perfect. Besides, I wrote it, so it is hard for me to find my own errors and make further improvement."

「我的指導老師讓我再修改修改論文,可是我已經覺得很完美了,沒什麼好改的了。再說,這是我寫的論文,真的很難再找出錯誤並進一步修改了。」

- "My work is so much better than previous work, but it still got rejected. I can tell from the reviews that the reviewers are authors, or friends of authors, of the previous work I compared to. How can reviewers accept my paper if their own work is much inferior to mine? Is it clearly a conflict of interest?"

「我的研究工作比現有方法好出那麼多,還是被拒收了。從評審意見中,我能看出來,評審者很可能就是我所比較的方法的提出者,要嘛就是提出者的朋友。我的方法好過他

的方法,他心生妒忌,不肯錄用我的論文。這明顯是利益衝突。」
- "The reviewers of my journal submission are so unreasonable. I don't think I can ever revise the paper to satisfy their demands. I should try another journal."
「這個期刊的評審者有些不可理喻,真難伺候,我覺得再怎麼修改自己的論文也滿足不了他們的要求,算了,我還是改投別的期刊吧。」

6.8 中國學者在論文的英文寫作方面易犯的錯誤

本節將專門談一談中國學者在論文的英文寫作方面易犯的一些錯誤。之所以單獨用一小節的筆墨給中國的讀者朋友「開小灶」,是因為在我們審閱一些中國學者的英文論文的過程中發現了很多共通的「小毛病」。因此,我們兩位作者決定將這些英文「小毛病」總結於此,希望能對中國學者的論文寫作有所幫助。

在第 5 章的前半部分,我們總結了撰寫學術論文的一些基本要素和常見的錯誤。那些要素和錯誤與母語無關。在這一小節,我們將講述一些新的錯誤和注意事項,而這些錯誤主要出現在母語為中文的學者用英文撰寫的學術論文中。「因為我們的母語不是英語,所以在論文的英文寫作上尤其困難。」讀者朋友,在你剛剛開始寫學術論文時,是不是也曾經這麼抱怨過呢?其實,論文寫作中出現的問題只有一小部分 (比如 20%～30%) 來自於語言方面的原因,而剩下的絕大部分基本來源於本章前述問題。不可否認的是,母語肯定會影響論文寫作的風

格。但是這一影響並沒有我們直覺想像中那麼嚴重，反倒是邏輯思維對論文的影響佔到更大的比例。學術論文的寫作要求語言簡練，無須使用花俏的文字和修辭手法，也不太要求文字的渲染功力。我們都知道，好的研究論文只需用事實和數字說話就可以了。所以，下面這些情況部分地反映了我們在幫助學生寫作過程中出現過的一些問題。

6.8.1 丟失冠詞 a (an)，the

在論文寫作中，一般來說，大致有 70% 的詞為名詞。從這個比重能看出正確地使用以及修飾名詞對文章的影響。一般來講，如果名詞有複數形式，在文章第一次提到這個名詞時，應該加上不定冠詞"a (an)"，而後再提到此名詞時應該在前面加上定冠詞"the"。舉個例子，在摘要部分我們通常會寫 *"In this paper, we propose a novel algorithm … . The algorithm is based on …"* 請讀者朋友注意"algorithm"前冠詞的變化，正是我們現在強調的內容。當名詞需要用到複數時，比如在相關工作介紹部分要描述一些現有的研究狀況，方法或模型，如果這些描述是特指的，需要加上定冠詞"the"做修飾。例如下面這句話，*"… different from above-mentioned technique, …"* 應該寫成 *"… different from the above-mentioned technique, … ."*

也有一些例外情況不用 a/the，如果是抽象名詞、複數或者名詞出現在標題、章節小標題中，這時可以免去冠詞。

冠詞的用法對一位初學者來說是比較難的問題，因為在中文中沒有類似冠詞的元素，中國學者在撰寫英文論文時往往會漏掉很多冠詞，所以要特別注意。

在 6.4 小節中我們曾講到，在文章中有些內容需要多次重複。比如 *"We propose an algorithm ... The algorithm is ..."* 會出現在文章中的多個部分，如摘要、引言等。請讀者朋友注意，在文章中這些部分的內容是相互獨立的，每一部分的寫作都要分別遵循上述規律。例如，我們在摘要部分對方法進行了簡要介紹，而當引言部分再次提到該方法時，仍應遵循第一次使用冠詞 "a (an)" 而後用冠詞 "the" 的規則。

6.8.2 表達不精確

在英文中，多一個單字和少一個單字有時候表達的意思會有很大區別。請讀者朋友看下面的例子。當想要表達「就我們所知，目前針對這一問題所發表的研究論文並不多」時，很多人會寫成 *"To our best knowledge, a few papers have been published on this problem previously."* "a few" 表示「有一些」。如果你想強調「很少的論文」可以在 "a few" 前面加上 "only"，或者乾脆寫 "few papers"。可見加與不加 "only" 或者 "a"，對有關研究工作重要性的表達影響很大。

下面講一講動詞的選擇。應該選擇表達準確的動詞，避免使用太過寬泛、高頻度出現的動詞，如 "do"、"take" 等。舉個例子，在寫「做實驗」時，要寫 "conduct experiment"，而不要寫成 "do experiment"。還有一點，用詞要有力。寫學術論文是在論證，所以用詞需要堅定有力，不能模稜兩可。如果實驗結果能夠證明你的方法確實很好，用詞要更強有力，比如可以說 "To the best of our knowledge, this is the first time that a problem of this complexity is solved." 這樣審稿人才能更加相

信你的論述。

　　遣詞造句的能力可以在後天的訓練中慢慢培養，多讀多寫自然就能提高。每次完成初稿之後，應當反覆進行推敲和修改。

6.8.3　中式英語

　　需要描述算法的整個流程、模型的構建過程，或者研究工作的意義時，你可能在心中早就形成了一些很貼切的中文描述。問題是不知道同樣意思該如何用英文表達。這時，大部分人都會把心中那段已有的中文逐字逐句地按字典翻譯成英文，更有甚者會使用機器翻譯軟體工具將其譯為英文後寫入論文。透過這種機械手法，翻譯出來的英文大多會淪為典型的中式英語，其中 99.9% 可能不符合傳統英語的寫法。我們不提倡這麼做。

　　那該怎麼辦呢？如果擁有英文文法式的寫作思維和語感當然最好，但我們深知這種能力需要一段「培養期」，是一個逐漸積累的過程，並不能僅僅靠閱讀一兩篇文章、撰寫幾次論文就能擁有。現在我們先教大家一個簡單的「速成」方法。舉個例子，你在撰寫相關工作介紹時，不妨找幾篇優秀的英文論文，讀讀這些論文的相關部分。反覆閱讀，尋找語感，考究用詞。然後放下這些文章，回到自己的論文寫作中，嘗試著用自己找到的語感進行英文寫作。我們相信這樣寫出來的英文文章品質會比機器翻譯出來的好得多。

　　有些情況下，你可能無法確定兩個或者多個詞彙搭配是否正確以及是否語感順暢，那該怎麼辦呢？告訴你一個小竅門，

就是可以將這些詞用引號（「　」）括起來，然後輸入搜索引擎中查看搜索結果的數量。如果數量很少 (幾百幾千)，那很可能這種搭配是不符合英文語感的；相反地，如果數量很多，則說明搭配正確。

要避免中式英語，最重要的是語感的培養。當你寫出的語句有種「似曾相識」的感覺時，這說明你已經慢慢開始有了這種英文語感。多讀多寫是積累正確語感的唯一方法。

另一種要避免的中式英語是，不要將中文的習慣和寫法搬到英文寫作中。比如中文有頓號「、」這個標點符號，而英文中是不存在頓號的。

6.8.4　非正常斷句 (run-on sentences)

兩個本來各自獨立的句子，中間被逗號「，」連接表達成一個句子，我們稱為非正常斷句 (run-on sentences)。這也是寫作中，中文和英文之間重要的區別之一。請讀者朋友看下面的一段話 (摘自網絡新聞)：「北京時間 7 月 30 日，倫敦奧運會體操男子團體決賽打響，這也是本屆奧運會所誕生的第一枚體操金牌。在這場比賽中，中國隊的五位小夥子發揮完美，18 套動作零失誤，最終總分為275.997。」「……決賽打響」，「……發揮完美」，「……零失誤」，這些句子後面都使用了逗號，在中文中這樣表達沒有問題。但如果在英文中，這些句子都是完整的句子，句末均應使用句號 (或分號，見下)。上面這段話可以這樣來說：

"On July 30th, Beijing time, men's gymnastics team competition started in London Olympic Games. In this competition, the Chinese team of five gave a perfect performance. They completed all 18 acts with no mistakes, and scored a high mark of 275.997!"

在完整的句子後面使用逗號在中文裡行得通，但在英文中卻屬於語法錯誤。舉個例子，英文中的 "I walk, she drives." 是語法錯誤的句式。因為 "I walk." 是完整的句子，"She drives." 也是完整的句子，二者都應以句號結束。再看一例，"Most researchers claim that …, they are not correct." "…that" 分句之後的逗號也是錯誤用法。

如何避免非正常斷句呢？一個辦法是用句號或分號（;）。或者在逗號前加連接性的詞語，比如 therefore、but、so、thus 等。比如上句 "I walk, she drives." 可以改寫為 "I walk; She drives." 或 "I walk. She drives." 或 "I walk, but she drives." 不過這些句子表示的語感是有微小差別的，這裡不再細述。但如果用逗號連接，那就是個病句。

6.8.5 非正規寫法

有不少讀者朋友是不是每天都離不開即時聊天工具，比如 QQ、Gtalk、MSN 等？聊天工具除了給我們帶來即時消息傳遞的好處之外，也讓我們「練就」了一身非常口語化的「書寫本領」，這種「本領」時常也會影響學術論文的寫作。比如，"It doesn't make very much sense." 這句話，如果放到學術論文中，則存在兩處非正規用法。第一，"doesn't" 應該寫成 "does not"；第二，"make very much sense" 是口語式表達，在學術論文寫作中切忌出現。再看一例，"We find the probability isn't zero." 這句話中，同樣地，"isn't"

應該寫成 "is not"。"we find ..." 之後是一個從句,正確的寫法是 *"We find that the probability is not zero."* 諸如此類的非正規用詞和寫法還有很多,如「以前的方法」應該寫成 *"previous methods"* 而不是 *"old methods"*。*"our approach beats their methods."* 應該寫成 *"Our approach outperforms their methods."*

學術論文屬於嚴肅的文本範疇,將口語化的表達引入文章中無疑會降低其嚴肅性和準確性。嚴重者,會影響研究工作的可信度。

6.8.6 非正規縮寫

在文章中介紹自己提出的方法時,為了簡化經常會使用縮寫。舉個例子, *"We proposed a potential field-based coverage enhancing algorithm (PFCEA)."* 先說句子本身,這句話中 "algorithm" 前面的修飾語太多而顯得有些混亂。這種寫法是最讓人頭疼的,因為弄不清哪一個修飾語是重點。其實,可以將這種有很多修飾成分的長句改寫成兩個短小的句子,如 *"We proposed a coverage enhancing algorithm (CEA) based on potential field."* 接下來談縮寫問題,上面句子中的 "PFCEA",不僅讀起來非常拗口,而且不夠簡短。在使用縮寫時,最好能夠讓閱讀者順暢地「讀」出來。如果輔音字母很多,一方面可以考慮加入輔音後面的元音字母,比如上例的 "PFCEA" 可改成 "PofCea";另一方面可以選擇少量字母,比如修改文字後,算法可縮寫成 "CEA",這就簡潔多了。

6.8.7 非句子的組成部分

學術論文的基本組成單元是一個完整的句子。我們看到很多文章中會出現這樣的寫法："We list as follows: 1.... 2...."。這種寫法是不正規的。在英文寫作中，沒有冒號「：」後面再接完整句子的這種寫法。正確的寫法應該是 "We list as follows. First, ... Second ..."。這種例子還有很多，在此不一一列舉了。除了論文標題和章節標題外，請讀者朋友一定要注意，完整的一句話才是文章的基本組成元素。

6.8.8 太多花俏的格式

有時候，我們會看到一些中國學者的文章，寫得像大字報。令人滿眼充斥著黑體、斜體、下畫線等字體樣式。我們想再次提醒讀者朋友，學術論文是一種嚴肅、精準且精確的文體，切忌使用太多黑體、斜體、下畫線、單字首字母大寫等樣式。比如，寫到 "machine learning"，很多作者認為要大寫單詞的首字母 "m" 和 "l"，似乎這樣才能增強其重要性。實際上，完全沒有這個必要。太多花俏的格式反而會引起審稿者的反感。學術寫作應該採用事實論證的基調，在論文中加入很多這種不必要的樣式會淡化學術論文的本質。

6.9 總結

至此，關於學術論文寫作的內容就告一段落了。這足足兩章 (第 5 章和第 6 章) 的內容，談到的只是一些最基本的技巧。儘管如此，我們大都贊同這一點：有時最基本的技巧能夠創造出我們意料之外的東西。對於諸多年輕研究者而言，如果

在寫作方面缺乏這些技巧，則寫出來的文章可能毫無框架結構，並且邏輯混亂。而這樣的文章只會讓評審者打上大大的黑叉並拒之千里，誰會選擇錄用一篇自己讀不懂的文章呢？很多研究者認為，尤其是些研究新手，「讀懂我的論文，那是評審者的責任，讀不懂那是他們失職」。也有很多人把責任推到語言身上，「我英語不好，所以寫不好論文」。很顯然，本章講述的很多「論文寫作常見錯誤」與語言並沒有很大關係。流暢、易懂的論文並不難寫，只要掌握方法，肯付出努力，我們相信有一天讀者朋友的論文一樣能夠通過「10/30 測試」。同樣的技巧也適用於普通論文，作業報告等的寫作。

研究者應該總把讀者放在心上，否則你將只是一個衝著空氣絮絮叨叨的發聲器而已，接收你資訊的那些人也實在是有些費勁。所以，讀懂你的論文，非但不是評審者的責任，反而是你的責任。你應該把想要表達的內容清晰無誤地傳達給讀者。在這兩章中，我們講述了很多方法和技巧，大到自上而下的細化策略，小到論文格式上的提高。希望這些內容能對讀者朋友學術論文的寫作有所幫助。

我們在此強調了學術論文寫作的兩點目的：第一，提出論點，越嚴密越好；第二，簡明扼要地闡述論點和結果。這兩個目的並不是一對矛盾體，在論文寫作中，需花費大量時間和精力去優化兩者，讓產出的論文更加完美。

讀者朋友也許不禁會問，「究竟最佳化到什麼程度才算完美」？這個問題真的不好回答。不過，說實話，我們內心深處並不希望這個問題有答案，因為一旦有了答案，研究就失去了很多樂趣，我們更覺得「不知道」才能表達研究的樂趣。我

們不知道這一最優點在哪裡,它的搜索空間或許是無限的宇宙,永遠需要不斷地優化,永遠到達不了「完美」。正因為如此,學術論文總有提高的空間(包括論文中的實驗結果),學術研究是一個永無止境的進程。我們只能說,花費的時間和精力越多,你的研究將越接近「完美」。當我們投遞論文時,並非因為它是一件「完美的作品」,而是在截稿日前,我們已經將最大的努力和心血付予了它,又或者對比已發表於相同會議或期刊的研究工作,這篇論文的工作已在其上,至少是並駕齊驅的,我們只想對目前手上的工作做個總結。

　　愛因斯坦說過:如果我們知道我們在做什麼,那麼這就不叫科學研究了;不是嗎?("If we knew what it was we were doing, it would not be called research; would it?")

第 7 章
撰寫畢業論文與論文答辯

　　讀者朋友，當你翻開這一章的時候，我們不知道你心情怎樣。或許你剛剛才開始自己的研究生活，會覺得這個標題距離你好遙遠；或許你正在寫自己的博士論文，此刻正偷閒於三更燈火五更雞的生活，隨手翻到了這一頁。開展研究、發表論文這一切，意味著畢業論文階段終於進入總結了，就好像旅行到了一個大站，需要停下來往後看看一樣。從就讀博士研究生開始，我們就一邊期望著畢業，一邊過著實驗室、宿舍、食堂三點一線的生活。讀者朋友，如果你是一名新生，如果將未來要開展的幾年研究生活比作一間黑屋子，那麼本章內容就將提前為你打開一扇窗戶，揭示臨近畢業的生活；如果目前撰寫畢業論文正是你發愁的事情，那麼但願透過本章的閱讀能帶給你一些啟示和參考；如果你已經距離這段日子久遠了，那麼希望這一章的內容還能帶你回憶起那段「痛並快樂著」的日子。

　　在前面的章節中，我們討論了如何做研究，如何撰寫、發表高品質論文等內容。其中，3.5 節講述了如何為博士論文尋找好的研究想法，3.7 節講述了如何為博士論文提前制定計劃。本章將這些內容整理在一起，詳細探討一個重量級的話題：如何撰寫博士論文並且成功通過答辯。透過這些探討，你會發現寫博士論文與撰寫研究論文有很多相似點，同時也存在一些不同，二者可謂「大同小異」吧。

7.1 論點和博士論文

　　博士論文在你的早期事業生涯中代表的就是你個人的形象。讀者朋友，你能明白這件事對你來說有多麼重要了嗎？博士論文應該框架清晰、邏輯正確，能夠強有力地表明你的研究方法能夠解決一個富有挑戰性的問題。如果你的博士論文沒有非常清楚的框架結構，邏輯流程也一塌糊塗，那麼答辯委員會將很難看懂你的研究工作，至於欣賞就更談不上了。在進行 1～2 個小時的博士開題答辯時，答辯委員會的主要工作就是在你的研究工作中尋找漏洞。在這短短的時間內，你要非常自信地將你的研究工作報告給他們聽。想想都會覺得不可思議吧？這麼多年的研究生活就將徹徹底底地濃縮在兩小時的答辯中！

　　讀者朋友，你會感到緊張和害怕嗎？希望你沒有被我們的描述所嚇倒，其實沒有那麼恐怖。舉個例子來說，如果把讀博士前的你比作鑽石原石，把博士階段的學習看做一個加工廠，那麼經過設計、分割、打磨等工藝之後，你便成為一顆耀眼的鑽石。剛剛開始博士研究的你和完成博士研究的你有什麼區別呢？區別體現在可能連你自己也不曾察覺的變化中。當完成博士階段的學習時，不論是領域內的研究問題方面，還是知識儲備方面，你會由內而外地散發出自信和專業的風範。開始博士論文答辯時，你應該是所處研究領域中最有發言權的人，權威度甚至要高過答辯委員會中的任何一位，你站在台上是向他們傳達你研究工作的成果，而對於他們來說，這是一個學習的過程。

　　從傳統意義上講，論點 (thesis) 應該陳述一個假設或者一

項聲明，這樣的假設或者聲明能夠幫助人們更加清楚地認識世界，認識生活。舉個例子吧，一個假設可以是「地球繞著太陽轉，而不是太陽繞著地球轉」；還可以是「距離可以用來度量資料間的不同，利用這一方法，可以構建出比現有方法更好的文本分類器」。而博士論文 (dissertation) 是將你的論點／論點的產生、現狀及其他研究者對此論點給出的解決方法，以及你自己的解決方法等諸多內容有條理地組織在一起，形成一個架構清晰、思路清楚的論文文檔。一篇博士論文包括支持所提出論點的所有證據以及你自己的想法。雖然，論點和博士論文兩者的定義之間存在一些差異，但是人們平時並不會將兩者區分得如此細緻，我們將兩者都稱做博士論文。尤其是在英語環境下，你會經常聽到學生說："I am writing my thesis."其實他是說「我在寫博士論文」(I am writing my dissertation)，而不是「我在寫論點」。

3.5 節曾簡要討論了如何從研究想法過渡到博士論文的過程，不知道讀者朋友是否還記得？我們不妨一起回顧一下。在這一過程當中會有很多因素影響著你的選擇，比如你對研究的熱情、你的技術專長、研究領域的瘋狂程度等。在 4.2 節，我們又與讀者朋友深入討論了如何結合影響力和重要程度，是否具有分解性等方面的因素，去檢驗研究課題是否具有研究的價值和意義，以此方法篩選出研究課題作為博士論文的研究內容。在開始寫博士論文之前，你可能會覺得這些因素和方法有些許抽象。可是，當你真正開始下筆寫論文時，就會意識到我們講的這些是多麼重要。

雖然寫博士論文和答辯這兩個過程，在不同的學校、不同

的國家都會有所不同，但是一些主要環節是相通的。在組織編排、撰寫博士論文時，通常有兩種方法：自上而下的方法和自下而上的方法。

7.2　自上而下還是自下而上？

在真正靜下心來坐在電腦前準備開始寫博士論文之前，你應該積累了遍佈電腦桌面或者擠滿了硬盤的大量資料，這包括你發表的會議論文和期刊論文，還有那些已經投遞出去尚未確定錄用的論文，你的開題報告，以及在閱讀論文時寫下的註釋、筆記等材料。此刻，你的任務應該是立即著手分類整理這些材料。組織這些材料的時候有個原則，就是將那些對你的博士論文課題有用的材料組織到一起，組織的目的是為了支持你的博士論文中的論點，而不是為了堆砌和湊數。

先介紹自上而下的方法，6.4 節曾經討論過類似的方法，只不過是用在會議或者期刊論文的寫作上。論點是博士論文的核心，自上而下的方法便是從中心論點開始寫起。舉個例子來說，對於電腦科學領域的博士研究生，「在構建文本分類模型的過程中如何引入人的因素」這一問題便可作為博士論文的論點。這一問題表述起來簡單易懂，即使不具備此領域相關知識的人，也能明白這一研究工作的主要內容。

在研究當中，你要時刻去想像當你對別人描述你的研究工作時，尤其是所謂「別人」來自完全不相關的領域、不具備一丁點領域知識時，你該如何陳述才能讓「別人」明白你在做什麼。這一點在論文答辯的時候就有所體現。因為每個博士進行答辯時，都會邀請至少一位來自於不同領域的研究者，作為

第 7 章　撰寫畢業論文與論文答辯 ▶ *191*

答辯委員會的成員之一，這是規定。比如，一位物理教授可能會被邀請作為電腦系博士答辯的委員會成員。假設，中心論點現已確定。接下來，使用 4.3 節介紹的「棋盤法」將中心論點沿著橫軸或縱軸分解成多個小問題。每個小問題都有相應的介紹、現有的解決方法以及你提出的解決方法，相應的實驗結果和理論證明與分析。這個時候我們想提醒一點，每個小問題的介紹都不能各說各話、毫無連貫性或偏離中心論點，這些小問題應該具有一致性的服務對象，那就是中心論點。每個小問題還可以按照「棋盤法」繼續拆分成更小的問題，每個更小的問題同樣也都有各自的側重點，但仍然需要在邏輯上保持一致。這一過程與 3.7 節介紹的制定博士論文計畫相似。

圖 7.1 簡要描述了自上而下組織博士論文的方法，我們總結出這種方法具備如下幾個優點：

- 在撰寫博士論文的初始階段，學生和指導老師就已明確中心論點。

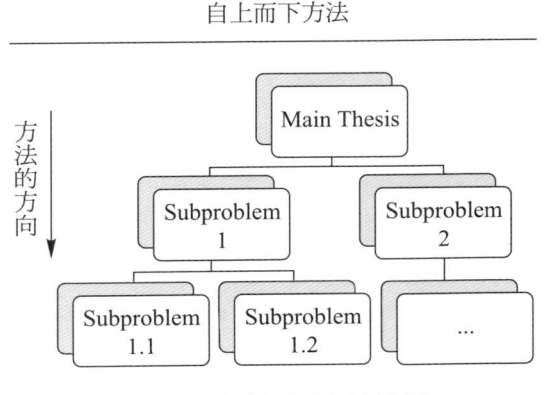

圖 **7.1**　自上而下方法示例

- 採用「棋盤法」將大問題分解成小問題，能夠在短時間內發現遺漏的問題和方法，立即補救，未為遲也。
- 這一方法能夠很好地訓練學生撰寫經費申請提案，也有助於學會一種不錯的管理風格。
- 自上而下方法的好處還在於能夠幫助統一整篇博士論文的術語和符號。

然而，自上而下方法也存在一些缺陷。使用這種方法，需要在剛剛開始撰寫博士論文時就能正確地分解出所有應該涉及的小問題和相應的解決方法，這對於非資深研究者是一項非常具有挑戰性的任務。研究計劃其實是一個循環往復的過程，先制定一個初始計劃，再執行計劃，然後根據得出的結果進一步修改完善計劃，這一過程如此往復，直到我們認為趨於完美，沒有再提高的空間。

除了自上而下方法外，還有一種方法與其相反，稱為自下而上方法。相對於前一種方法，更多人會採取這種方法 (詳見圖 7.2)。如果你已經發表多篇與博士論文課題相關的研究論文，也曾撰寫過一些其他方面的材料，那麼採取這種方法會比較適合。這種策略更像是採礦工人扒開一堆堆岩石去尋找寶石的過程。此刻，學生扮演著採礦工人的角色，自己發表的所有的論文便是那一堆堆岩石。學生要從這些「岩石」中把符合博士論文課題的相關材料挑出來。這些材料就是學生要找的「準寶石」。這些材料並不能紋絲不動地搬到博士論文中，而需要仔細審查，挑選出貼合博士論文主題的材料。這個時候，就要求學生具有敏銳的目光，迅速識別出哪些是「真寶石」，哪些是「假寶石」，換句話說，哪些能夠寫進博士論文，而哪些不

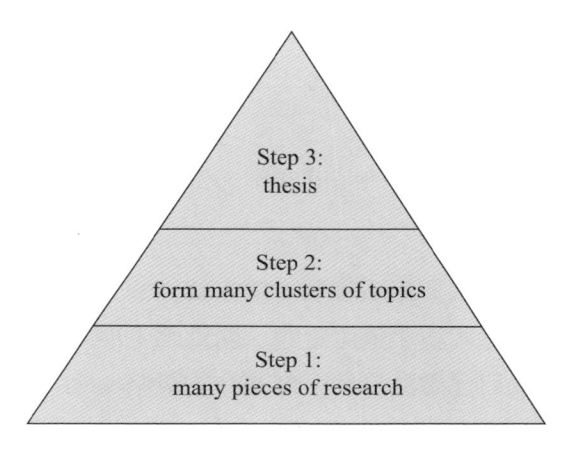

```
         Step 3:
         thesis

      Step 2:
 form many clusters of topics

     Step 1:
many pieces of research
```

图 7.2　自下而上方法示例

能夠。有些學生會認為博士論文就是一項工作報告,將自己博士期間所有的工作都填了進去,甚至包括一些曾經發表的與博士論文主題並不相關的研究工作。這樣做是不對的,因為儼然違背了博士論文應具有連貫性和一致性的原則。

自下而上方法具有以下優點:

- 在最後確定博士論文的課題之前,學生可以探究多個感興趣的研究問題,從中選出最具有研究價值的那一個作為自己的博士論文課題。
- 由於在確定最終的博士論文課題之前,學生已經對多個研究課題都有所瞭解,在這期間發表的論文均會為簡歷增添不少「色彩」。在找工作時,這些「色彩」體現了研究工作的多樣性,會得到不少加分。

自下而上方法也有以下一些明顯的缺點:

- 這種方法存在風險，即可能有個別學生不經選擇地將所有發表過的論文都堆砌到博士論文中，從而使博士論文失去一致性和連貫性的要素。
- 學生可能會花費更多的時間和精力去統一出現在多篇不同論文中的術語和符號。

我們總結了兩種組織和撰寫博士論文的方法，這兩種方法並沒有絕對的適用與不適用之說。希望讀者朋友能夠結合自身實際情況，為自己量身打造一個適合的策略。

讓我們回到三個博士生的例子中，還記得嗎？博士生 A2 喜歡理論型研究，博士生 B2 喜歡實驗型和偏向系統的研究，而博士生 C2 更喜歡應用型研究，這類研究往往能夠把研究者帶向通往專利和創業的道路。讓我們來看一看他們都分別採用了什麼方法寫博士論文。博士生 A2 在組織和撰寫博士論文時採用了自上而下方法。首先透過使用第 4 章介紹的「棋盤法」，他為自己確定了一個論文課題——「具有不同特徵空間的多領域資料間的知識遷移」。

中心論點確立好之後，他便開始將其分解成多個小問題，包括如何定義可靠的距離度量準則，如何學習能夠代表每個領域的子空間，如何在兩個到多個領域之間進行知識遷移，如果每個領域的權重不一樣該怎麼加到整體模型中，如何從目標領域和輔助領域中自動學習出每個領域的權重。既然是遵循自上而下方法，博士生 A2 繼續在粒度上把這些小問題拆分成更小的問題直到完成博士論文框架。

與博士生 A2 不同，博士生 B2 採取了自下而上方法進行研究。他對高效準確的大規模線上推薦演算法感興趣。針對這一

研究問題，他發表了多篇論文。這些論文的研究重點都放在大規模資料算法的可擴展性或算法的準確度提高等方面，每篇論文都會提出自己的方法。從這一點可以看出，博士生 B2 發表的論文完全服務於他所選擇的研究課題。在發表足夠數量的論文之後，他開始嘗試著將這些研究工作總結成一個連貫性的整體。這時問題出現了，博士論文的主題應該側重於哪一方面呢？最後他決定使用「線上推薦算法的大規模架構」作為博士論文的中心議題。接下來的工作便是把這一中心論點分解成很多小問題構成博士論文的不同章節。以此，他同樣順利完成了博士論文。

最後再來看看博士生 C2。他喜歡應用型研究，這類研究通常會對申請專利、創業等提供基石。博士生 C2 在組織、撰寫博士論文時將「自上而下」和「自下而上」兩種方法巧妙結合。開始階段，透過參加資料發掘相關的比賽，他發表了多篇論文，並成功申請了專利。隨後，他發現此領域中的「社交網絡研究和分析」這一課題很具有研究價值，也符合自己的研究興趣，於是決定以此作為博士論文的主要研究課題。撰寫博士論文時，他為自己制定了一個「自上而下」的計畫，按部就班地進行。最後，他的博士論文內容主要討論了與社交網絡分析相關的研究工作，主題明確，層次分明。

7.3 論文答辯

進入論文答辯時的學生距離「博士帽」只有一步之遙，想起無數個截稿日期前的分分秒秒，看著滿是論文和代碼的電腦，這一天終於到來——博士答辯。所謂答辯，就是要求博士

研究生將自己的研究論點陳述給答辯委員會的人聽，要讓他們相信這項工作是有價值的，並且能夠帶來巨大的影響力。答辯委員會的組成人員包括領域內的專家和非所屬領域的研究者，所以要求答辯者能夠站在「陌生聽眾」的角度去報告。報告內容包括所提出論點的研究現狀，與論點緊密相關的研究工作介紹，以及支持所提出論點的論證。

大多數大學的博士答辯分為兩部分：第一部分是學生報告，這部分時間一般是 45 分鐘到 1 小時；第二部分是問答環節，這一環節較長者，可能持續兩輪。

讀者朋友可能也注意到我們在上文提到了「報告」一詞，博士答辯中的「報告」與任何會議或者研討會的報告形式不同。這一報告是將整個博士階段的研究工作濃縮到幾十頁幻燈片中，膠片一般播放給大家，而不是像會議或者研討會那樣只提供一篇論文的內容。在報告中，應提供足夠的證據讓答辯委員會成員相信，在過去的博士學習生活中，答辯者對所處領域在以下任何一方面或者多個方面作出了重大貢獻。

- 對一個研究難題提出了一套更好的解決方案，擊敗了所有其他對於這個難題的解法。
- 提出了一個新的研究問題，將其合理而正確地進行了形式化描述，並提出了一套解決方案。從某種意義上說，開創了一個新的領域。
- 提出了新的框架結構，能夠統一很多主流算法。這樣的研究工作能以全新的視角去理解算法。

報告中應該清楚地表明你已經對研究問題及其所具有的影

響力有了深刻的理解:

- 掌握關於此研究問題的所有解法,對它們的優缺點瞭如指掌。
- 對於如何設計解決方案和評價準則有著非常清晰的思路,同樣也能一五一十地說出其優缺點。
- 卓越的表達能力。研究者對於問題的理解程度體現在能夠向任何不相關的人陳述自己的工作,這種能力表現在能夠借助任何生動的實例和上下文語境。

　　以上幾點中的最後一項是最重要的。作為博士生和研究者,你得把自己變成一個「瞭解別人需要知道什麼」的人。對於非領域的聽眾,你應該把他們視為「不知道卻需要知道」的人。博士生需要這種隨機應變的溝通表達能力。我們換一個角度看,答辯過程中,學生進行報告,這與銷售人員、客戶經理推銷產品一樣,要講出產品的特色,說服人相信這個產品是值得去買的。而學生在答辯時同樣是在「推銷」自己的研究工作,讓別人相信自己的研究工作具有很大的價值,能對所屬領域的研究帶來很大的價值和影響。在 40 分鐘到 1 小時的時間內,學生要讓答辯委員會的人相信他是目前這個領域最傑出的研究者。除此之外,學生要能簡明扼要地對自己的研究工作進行總結,短到幾句話,長到幾個段落,具體應視答辯時間而稍作調整。

　　進行論文答辯時,學生應該仔細審查以下幾點問題:

- 研究問題是什麼?
- 為什麼解決這個研究問題是如此重要?

- 相關的研究工作有哪些？這些工作是如何解決這個問題的？其優缺點又是什麼？
- 論文中提出的方法是如何解決這個問題的？比其他方法好在哪裡？

　　讀者朋友，以上幾個問題是不是看著有種似曾相識的感覺？我們在 6.1 節描述研究論文的邏輯步驟時也曾提到過類似的幾點。當與現有研究工作進行比較時，你應該保持中立和客觀，不能帶有任何個人的感情色彩。要避免這些評論的出現，如「他們的算法都不能進行大規模擴展，所以一點都不靠譜」。

　　學生報告完之後，接下來便是長達一個多小時的問答環節。要做好充足的準備，同時也不要期許所有的問題都是你能夠預料到的。當被問到一些措手不及的問題時，先不要著急回答，可以在腦中思考幾秒鐘，理清思路。但請一定牢記以下幾點：

- 有些問題可能會很尖銳，但實際上，答辯委員會的人提出的任何問題都是「對事不對人」的。不要認為很苛刻的人就是刻意阻礙你通過答辯。正常情況下，他們會提出很深入的問題，這是為了檢驗你對領域理解的深淺，同時也是想看看你對棘手問題的反應能力。因為作為你的答辯委員會成員，他們也把自己和學校的聲譽寄託在你身上。
- 非所屬領域的委員會成員所提問題會更加寬泛，與領域內的委員會成員的問題也有所不同。如果你在頭腦中實在搜索不到答案也不用害怕，可以回答：「對不起，我不太瞭解這方

面的內容，不過我會找時間看一看。」
- 一定要也必須清楚地知道你論文中所涉及的基本概念。如果委員會的人發現你對基本概念混淆不清，或者完全不知論文提及的概念所云何物，那你恐怕是不能通過答辯了。
- 如果可以的話，在準備答辯幻燈片時，可以將你覺得可能會問到的問題的答案附加在額外一頁中，以防這個問題果真被問及。

在回答問題前，適當的停頓是允許的。在腦中迅速過一遍問題，找到與論文的相關點。不過最重要的一點是，你要確保聽明白了所提及的問題。

其實，答辯時有很多問題是會常常出現的，我們給讀者朋友總結了以下幾個常被問及的問題：

- 用一句到三句話總結你的主要貢獻。
- 你要解決的研究問題是什麼？
- 你提出的論點能夠對此研究問題帶來哪些貢獻？哪一點貢獻是你認為最重要的？
- 你的方法的主要缺點是什麼？
- 如果再給你一次讀博士的機會，這個問題你還是如此解決嗎？還是說你會提出不同的方法？

心態再好的同學在答辯之前也會緊張，如果答辯過程中使用的語言並非你的母語，那麼緊張程度就更不用提了。除了對著鏡子說「我叫不緊張！我叫不害怕！」為自己打氣外，有效的方法便是排練。在正式答辯開始之前，自己要仿照答辯模式多加練習。請你的指導老師邀請幾名同事、博士後和其他研究

生扮演答辯委員會成員。你面對他們，將答辯流程完整地演練一遍。排練時，我們還會將整個過程錄影。事實證明，這種排練方法對於提高學生的自信度、消除緊張感非常有幫助。經過多次這樣的演練，在真正開始答辯時，就會變得極有自信，整個過程都會表現得非常好。

　　讀者朋友，其實答辯並沒有那麼恐怖。我們經常會聽到一些發生在答辯過程中的趣事。比如，本書作者之一，楊強教授，曾經在他出席博士論文答辯時睡著了，醒來時提出的問題便是：「你講的這個東西打算怎麼應用呢？」不要小看這個問題，很多人還真的一時不知如何回答呢。這個問題也真成了他在參加諸多答辯時的「殺手鐧」。

第 8 章
博士之後，路在何方？

　　讀者朋友，在本書開始時我們曾詢問過你的理想是什麼？現在兜兜轉轉又回到了這個問題上，似乎時間不曾流動過。如果生活的意義在於追求理想，那麼，除卻事業，很少有別的行為能夠體現人們在這一追求過程中的熱情和熾烈。不論開始的時候對「事業」的概念是多麼的不清晰，追求理想的過程仍能表達出緊張和辛苦之外的另一種生活意義與快感。你還記得在兒時最初的夢想嗎？因為太遙遠而不記得了嗎？那你是否還記得為什麼讀博士嗎？撇開現時的紛擾迷亂，當我們回顧兒時的夢想時，有些事情則變得明晰起來。在這種意義上，回憶和期待一樣，如同電影導演在對現實進行著剪輯和編織。那麼，讀者朋友，你的回憶和期待已經編織到一起了嗎？

　　當我們還年輕的時候，常常夢想著成為一名大科學家或大學教授，這似乎是一件理想中的事情。想像中，會有很多學生伴你左右，探討著科學的秘密，還可以去不同的地方參加國際會議，與世界上最聰明的人交談。除此之外，這份職業還會受到社會和許多人的尊敬。這麼看來，大學教授好像是一份光鮮亮麗的職業。其實，你所看到的並不是我們如今生活的全部。本章將向讀者朋友描繪一位教授真實的日常生活，使讀者朋友對讀完博士以後的生活有些具體瞭解。期望能讓我們的理想樹苗植入現實的土地。

8.1　某大學教授的一天

讀者朋友，我們假設你已經完成了博士學位。現在該做什麼了呢？開始享受被人稱為博士嗎？寫畢業論文時的酸甜苦辣，是不是永遠地拋在了腦後？讓我們先來講一個小故事，故事的主角是本書的作者之一——楊強教授。楊強教授博士答辯以後，他當時在美國馬里蘭 (Maryland) 大學的指導老師 Dana Nau 教授握著他的手說：「恭喜你！順利完成答辯！從現在開始你要每年都寫一篇博士論文了！」

事實上，這個估計太樂觀了。獲得博士學位後，哪裡會有一年的時間給你寫一篇論文？通常是每三個月就要寫一篇博士論文！這包括撰寫基金申請、準備教學、指導學生、組織或者管理學術會議和期刊的出版等。還包括參加或主持相關的會議、管理研究小組財政預算、審核他人的科研基金申請等。除了這些外，為了時刻保持競爭力，還需要不斷地閱讀新的研究論文，與學生討論和學習新的東西。我們曾在本書第 1 章跟讀者朋友討論過研究者日常生活的主要活動和任務列表。經過這樣一番描述，你還覺得這看似混亂的生活仍舊那麼光鮮亮麗嗎？縱然如此細說，有些讀者朋友可能仍覺抽象，那就讓我們用一個具體例子來展示一位大學教授完整的一天吧。

7:00 a.m.

起床，吃早餐，與家人說再見之後，便打開電腦回覆一些需要馬上處理的電子郵件，比如需要處理的會議文稿或一些學生前一天晚上提出的問題。

8:00 a.m.

去游泳池或健身房,做 30 分鐘以上的運動。通常,這樣的運動能夠為大腦注入無窮能量,而研究人員比別人更要注意身體鍛鍊。

我們想在這裡多說幾句。研究者始終要保持清醒的頭腦來研究問題,每天鍛鍊身體做運動是非常必要的。不光是研究者,對任何人來說,健康都是萬事的根本,鍛鍊也就是我們常說的「磨刀不誤砍柴工」。現在很多學校和公司都提倡「健康工作 50 年」,沒有健康,談何工作?又談何追求理想呢?很多學生往往認為應該把更多的時間放在研究上,才能最終得到預期的成果,這些同學不管身體發出何種信號都在拚命工作。其實,這樣反倒得不償失。與其在研究工作上打疲勞戰,傾注太多的時間和努力,弄垮了身體不說,研究的問題可能仍然懸而未決,不如巧妙地安排時間和精力,每天花 30 分鐘時間鍛鍊身體,然後再到實驗室開始研究工作。這樣往往要比頭腦不清醒,整天昏天暗地做研究的效率高上好幾倍。

8:30 a.m.

去辦公室,路上順便買一杯咖啡或茶。另外,在辦公室處理一些電子郵件,並且在 9 點上課前溫習教學用的講稿。

9:00 a.m.

開始給本科生上課,一堂課一般持續一個半小時。

一般來說,大學教員一週需要上兩節到四節課。為了教學任務,教授需要擠出更多的時間來準備教學所用的材料,包括講義、幻燈片和其他相關課程的一些材料,同時,還要與助教

一同為學生準備課堂作業、課程項目和考試題等。在教學安排上，除了教授一些基礎課程外，偶爾還需要教授一些新興課程，尤其是像計算機科學與工程這類發展速度非常快的學科。這種新興學科的課程內容，對於教授來說也常常是不斷翻新的，所以需要經常學習。這時，就需要把更多的時間花費在準備教學材料上。

　　教學是大學教授職業生涯中不可或缺的一部分，從某種意義上來說，這是教授的責任和義務。透過教學，教授能夠將最新的研究工作和研究成果展現給學生。在這個過程中，對於教授來說，有很多能力上的要求。舉個例子來說，如果需要向學生解釋一個很晦澀的概念，應善於使用通俗易懂的語言，善於舉出各種易於理解的例子，來輔助解釋複雜的問題和概念。

　　通常，在上課的過程中，教授也能發現課堂上優秀的學生，也會跟這些學生一起探討研究問題，鼓勵他們成為未來的研究者。一個研究者要想被相關科研領域熟知，要想成為知名學者，需要透過撰寫及發表研究論文的途徑，與同行或者其他領域的研究者來分享自己的成果，這個時候，需要研究者具備很好的溝通能力，而這個能力是要不斷積累的。教學，也是對這一能力的促進。教學還有一個很重要的作用，就是培養下一代研究者。資深的研究者應該多與一些研究新手合作並在研究上給予鼓勵，傳授經驗。因此，教學不應該被視為一件分心的事情，而是應該當做研究生活的重要組成部分。

10:30 a.m.

　　在課堂上，如有學生對課堂上的一些問題需要進一步的解釋，下課後教授可以邀請他們到辦公室繼續討論。

11:00 a.m.

參加委員會會議，討論研究生招生，入學等事項。

教授通常需要同時擔任多項職務，除了所在學校和院系的職務外，還有一些學術機構的職務。在成為終身教授之前，參加的委員會數目會少一些，工作負擔也相應輕些。獲得終身教授之後，委員會的工作負荷將隨之增加，有時委員會涉及的範圍會超出教授自己所在的院系範疇，甚至會超出學校的範疇，負責的相關事務也不盡相同。這些事務的職責主要涉及學生入學、獎學金發放、教員職位的陞遷、大學研究經費統籌、規劃和基金申請的排名等等。一般來說，資深教授每週在各類委員會上要花 1～6 小時。

12:00 p.m.

午餐時間。有時教授為了節約忙碌中的時間，會與其學生共進午餐。這樣可與學生在相對輕鬆的氣氛中討論學術問題。

1:00 p.m.

出席學生的答辯。在教授的職業生涯中，不論是作為答辯主席，還是答辯委員會的成員，都需要參與很多次學生答辯。答辯的學生可以是本科生、碩士生或者博士生。有時候，教授還會以外界評審的身分出席其他院系的博士答辯。在這種情況下，需要聽取其所屬專業領域以外的學術報告。

3:00 p.m.

這是小組例會時間，在研究組例會上教授與其博士研究生討論研究工作。如果非要評出一個「每日之最」的話，這應當

算是教授一天活動中的樂趣之最了。首先，教授會聽取學生介紹最新研究進展，然後提出若干問題，並與學生一起討論可能的答案。在討論過程中，如果教授認為所討論的問題很有意思，具備研究潛質，則會與研究生一起制定一個研究計劃，並向學生提供更多的學術資料作為參考。

4:30 p.m.

和學生以及同事一起參加系裡組織的研討會。參加研討會是一項典型的學術活動。研討會是瞭解其他研究者的工作，以及讓其他研究者瞭解自己的研究工作的媒介和途徑。有時，應聘教職的人會在研討會上給大家作報告，在這種情況下，教授的聆聽過程亦即對該候選人的面試過程。

5:30 p.m.

撰寫基金申請：教授需要申請新的科研項目和基金用來作為培養學生、博士後研究員、研究助理的經費。除此之外，還要為自己的研究小組成員參加學術會議提供資金支持等其他開支。讀者朋友可能有所不知，所有的研究活動，從電腦使用到參加會議，這些都需要基金的支持。因此對於教授來說，撰寫基金申請至關重要，而且要經常寫。這是因為一般的基金申請成功率很低，介於 5%～25% 之間。成功不成功，取決於所在地域和申請的基金類型。我們將在 8.2 節更多地討論如何撰寫成功的基金申請。

6:30 p.m.

回家，與家人一起吃晚飯。

8:30 p.m.

　　修改、審閱與學生或同事合作撰寫的研究論文。這中間可能夾帶著與合作者之間的電話討論、電子郵件交流和視頻會議等。

10:30 p.m.

　　為出席下一個學術會議預定行程，發送電子郵件給旅行社……

　　到此，教授的一天才算是結束了。讀者朋友，正如你所看到的，教授一天的生活非常繁忙，當然也是多彩的。總地來說，所有活動都集中在研究和幫助他人做研究這個中心展開。上面看似排列有序的工作生活，其實有時會變成很多事務都趕到了一起的情況。說實話，最頭疼的就是這種情況的發生。因為這會使我們的注意力極其分散。也正因為這種情況的存在，一名優秀的教授應該保持非常高效的工作狀態，能夠很好地管理、安排自己的時間，在人生舞台上扮演好自己的導演。

　　當然啦，做教授也有做教授好的地方。作為研究者要比其他職業更具有自由性。給學生上完課或者論文提交之後，大多數教授便可放鬆一下，給腦子換換新鮮空氣。很多時候，他們還可以參加和出席世界各地不同的學術會議，訪問其他大學，與別的研究者暢談某項研究未來的發展和走向。說到這些，我們好像又回到了討論做研究者好與不好的話題上了。讀者朋友還能回想起來嗎？在第1章中我們討論了很多成為研究者的利與弊。

8.2 申請研究經費

在大學教授的職業生涯中，主要活動之一是申請研究經費。我們在前面講述過，這些經費用以支持研究項目，包括支付學生的獎學金和工作人員的工資、購買實驗室設備 (如計算機和打印機)、支付參加會議與出國訪問的差旅費等。在美國，這些經費也是教授暑期薪水的主要來源。為什麼這麼說呢？因為美國許多大學在暑期並不支付教授工資，教授只在教學的學期才有工資。科研經費通常分為多種類型，不同類型的經費由不同的機構發放。通常歸結為以下幾類：

- **大學經費**：大學通常會設有少量的研究經費供教員申請。值得一提的是，這些經費通常提供給新晉教員上手用，或是用來鼓勵教員開拓新的研究方向。
- **政府機構的經費項目**：美國和中國的國家科學基金 (NSF)、加拿大的 NSERC、新加坡的 A-star、歐洲聯盟基金、香港的大學教育資助委員會、中國的國家自然科學基金、歐洲的研究理事會等都屬於政府機構的經費項目。
- **工業或軍事科研項目**：這類與工業或軍事組織相關的科研項目通常涉及一些比較特殊的任務，具有一定的保密性。一般情況下，這些科研項目的目標是具體產品原型的搭建與實現。同時，這些項目對經費的開支和項目實施的具體步驟，規劃得非常嚴格。

讀者朋友，在前面教授一天生活的描述中，你有沒有發現申請研究經費竟然出現在日常工作中？沒錯，這是真的，申請研究經費是教授日常生活的一部分。對於大多數研究者來說，

申請到的經費數目直接決定了在研究上能完成多大的目標。要想成為成功的經費申請者，研究者需要具備除去科學家、工程師以外的很多技能：在申請經費的過程中，他必須像市場分析師一樣做好相關的市場調研，瞭解社會需求，也要像一名出色的銷售人員一樣能夠將研究想法精彩地傳達給使用者，還要像一名優秀作家一樣撰寫非常吸引人的申請書，同時更要像演說家一樣對自己的研究工作發表精彩絕倫的演說。

除此之外，如果項目涉及多方參與，研究者還要擔當管理者的角色，參與協調並監管項目的順利展開。這麼看來，研究者都是超人吧？很少有人同時具備這麼多出色的才能，但對於一個成功的經費申請者來說，至少要具備這些才能中的某幾項。

通常每類研究項目要求申請者每年提交一次申請報告。申請研究項目的過程類似於向會議投稿的過程，項目申請也有截止日期。當然這兩個過程有很大的不同。有時我們會聽到一些研究者(包括經驗豐富的研究者)抱怨：「我一直能在頂級會議和期刊上發表論文，從未失手過，為什麼我的項目申請總是被拒呢？」這不禁讓人產生疑問：「難道撰寫優秀的項目申請書很困難嗎？這是什麼原因呢？」讀者朋友，你也在思考這個問題嗎？

要想回答上面的問題，需要先來看看這兩個過程的具體區別在哪裡。最重要的一點區別在於，研究論文和項目申請書兩者所面對的讀者群不同。研究論文一般有兩個到三個評審者，他們都是相關領域的專家，對你在論文中提出的研究問題不說是精通，也至少也是瞭解；但是項目申請書的評審者會來自更

多、更廣的領域，僅有一些是直接相關的專家，剩下的大部分人是來自於其他領域，甚至從未接觸過你所提到的研究問題。項目申請的大部分評審者，基本都是從寬泛的角度去評價這一研究項目所能帶來的影響以及項目的含金量；雖然有些來自其他領域的評審者也能對你的申請書看懂一兩分，但他們並不是這方面的專家。因此如果項目申請書的評審者無法透徹理解你提交的申請，那麼跟論文評審者看不懂你的論文一樣，它得到通過的機會將很小。

　　研究論文和項目申請書之間的另一個區別在於，研究者必須在項目申請書中說明這個項目的研究意義與價值，並且要讓評審者相信，這一研究項目能夠對社會帶來深遠影響，而且要說明這一目標是可以實現的。在強調這兩個方面時，絕不能偏向任意一面，要掌握兩者的平衡。從一方面來說，在項目申請書中，研究者必須強調這一項目非常具有挑戰性，比方說，很少有人研究過這一問題，由此可以看出這個項目的創新性。

　　從另一方面來說，在申請書提到的這一項目的最終目標並不是不可實現，至少站在這個申請者的角度，是能夠想到使目標實現的方法的。這是兩個完全相對的方面，申請者要學會在兩個極端之間尋找那個很微妙的平衡點。不得不說，這個平衡點非常難以拿捏。但是，對於一篇研究論文來說就不一樣了，應該保證評審者完全能夠從擺在面前的這篇論文中找到研究問題和解決方法。所以，對於一篇研究論文而言，對平衡點的拿捏這一問題並不顯得那麼棘手。但是，對於項目申請書來說，不可能把研究方法的所有細節都寫清楚，如果能夠寫清楚，實際上也就失去了申請的意義了。

影響項目申請成功率的一個最重要因素是標題。項目申請書的標題雖短，但它卻是整個項目申請書的一扇窗戶，是連接評審者興趣和申請書之間的橋樑。一個好標題能讓評審者對申請書留下很好的印象，而一個平淡無奇的標題很可能都會讓評審者喪失讀下去的興趣。所以標題能夠決定這個申請留給評審者的印象究竟是好是壞。讀者朋友可能會想到，這是不是與給論文起個響亮的標題有些類似？可以這麼理解。我們想再一次提醒讀者朋友，很多情況下，評審者本身不一定熟悉項目申請書中提出的研究問題，他們可能都不是這方面的專家。舉例來說，一名研究計算機架構的研究者可能會去評審一份資料發掘方面的項目申請書。我們想告訴讀者的是，項目申請書的標題必須通俗易懂。這裡其實也有些門道。比較重要的一項是，標題必須包含以下幾個部分：研究問題 (例如，圖象理解領域中的學習算法)，提出的方法或者解決方案 (例如，貝葉斯方法) 和研究問題所應用的領域 (例如，社交媒體和社交網站的圖片和文本)。如果把申請書的標題寫成「在不確定和不完整資料的條件下，對帶有標籤的圖片資料，基於貝葉斯方法的圖片理解方法」，可能不好，因為題目太長了。如果寫成「針對不確定的、帶有標籤的圖片資料的理解」，這就簡明扼要多了，該交代的訊息也全都寫進了標題。

申請書的摘要和研究目標這兩部分內容的地位僅次於標題。如果把標題比作整個申請書窗戶，那麼摘要和研究目標便是打開窗戶之後看見的第一道風景。讀者朋友，我們現在假設你的標題有足夠的磁力，能夠吸引評審者打開這份申請書，那麼此時你要切記一點，這兩部分內容的目的，是要讓評委對整

個項目申請書的結構獲得整體印象。將這一點銘記於心，那麼摘要部分就需要對研究問題進行說明，告訴評審者這個問題具有新穎性和挑戰性的原因。之後，簡要地描述你所提出的解決方案。緊接著應該強調這一解決方案所能帶來的影響，讓評審者認可並同意批准這份申請書。我們在本書第 5、6 章闡述著述學術論文技巧時，也曾給出過類似建議。

同樣，研究者在書寫申請書的研究目標時，必須向評審者更具體地闡明項目要達到的最終目標是什麼。如果申請的項目不止一個目標，那麼必定存在一個主要目標。在這種情況下，書寫申請書時要把該主要目標設計得非常吸引人，要能給評審者留下深刻印象。在安排多個目標的順序時，主要目標可以放在目標列表的前面或者後面。有時候，研究者可能已經完成了一些前期工作，他們想要把這個已完成的目標放在最前面，充當後面其他目標的引導。這樣做很好，我們在此只想提請讀者朋友注意，這時應該先用一句概括的話將這個情況向評審者說清楚。如果在最前面陳述主要目標，那麼其他次要目標應該被歸類為主要目標下的幾個小任務。這樣可以形成一個自上而下、逐步細化的層次結構，便於評審者的閱讀和理解。

一般情況下，一份研究提案可以劃分為多個小節，每個小節都以不同的方式服務於提案：

- 摘要部分應該向讀者在高層面上講述所申請項目的脈絡與梗概。要確保這種層面上的講法，能讓即使是領域以外的讀者也明白是怎麼一回事。在摘要部分應該明確提案中的主要研究問題、受眾群體、尚未解決的挑戰和問題、研究動機、提出的解決方法以及解決方案能夠對社會帶來的影響。講述這

些內容的目的在於說服評審者相信這份提案，以及認可這份提案的價值。
- 項目的概要部分應該描述期望完成的主要工作，同時指出這些工作對你所在領域以及社會都非常重要。所有目標應該按層次組織，這樣讀者可以透過這些組織結構定位到報告的其他重要部分。讀者可以不用按順序通讀整篇文章，透過這個結構便可有效地連結到自己感興趣的部分。
- 接下來，要總結與提案相關的現有工作，並描述研究背景。除此之外，提案中還應介紹申請者和其他研究者在過去某段時間內發表的與此提案相關的研究工作。此時，提案中的內容應該著重對研究背景進行討論，這樣可以避免陷入對大量不相關細節的討論。這部分內容的書寫主要有三個目的：首先，讓評審者相信研究者是這個領域的真正專家；其次，向讀者說明很少有相關的工作可以解決報告中提出的問題；最後，要闡明研究者針對項目中提到的研究問題已經作出了一些初步的研究工作。
- 對於申請書中方法論和研究計畫部分，研究者應該詳細討論方法的流程、子任務、研究計畫和評價準則。這一部分的重點是要呼應前述章節對一些特定研究問題和步驟所討論的內容，這些內容通常是標題或者摘要中能表現研究目標的特定詞語的具體內容。舉例而言，通常這部分內容可以使用如下句子：「回顧第一節，我們討論了為問題 ABC 設計新方法的重要性；在本小節中，我們將對問題 ABC 進行詳細描述。」這部分與前面內容聯繫得越緊密，評審者就越容易理解報告的主要論點，從而申請被批准的機會也就越高。

- 對於項目預算和研究計畫部分，研究者需要仔細斟酌，避免走極端，即申請過多或者過少的經費。一方面，如果預算過高，很難從規模上驗證項目的真正價值；相反地，如果預算過低的話，評審者則會質疑項目的可行性。

在這裡，為了幫助讀者朋友能夠對經費申請的評審標準作全面瞭解，我們引述了一段美國國家衛生研究所 (NIH) 經費申請的評審標準。這套標準相當典型，世界各地很多主要機構的評審標準均依照類似規定。

- **項目整體的影響力**　評審者會對項目的整體影響／優先級進行打分。這個得分反映了該項目能否在其涉及的研究領域內具有持續且較大的影響力。這個得分情況會結合相應的評審意見以及附加的評審標準進行評估(是否具備應用性)。
- **影響力**　該項目對其所屬領域來說，研究問題是否重要？或者是否能夠推動領域的發展？如果該項目的目標能夠實現，科學知識、技術能力和臨床實踐這些方面能否得到改善？如果該項目的目標能夠達到，能否對某些概念、方法、技術、護理和服務等帶來轉變？申請的項目是否具備引導市場產品、過程或服務的商業潛力？
- **申請人**　主要申請人 (PI)、合作者以及其他研究者是否適合開展這個項目？如果申請人是研究新手，他們是否具有足夠的經驗，是否接受過培訓？如果申請人是有經驗的研究者，他們從前的項目完成記錄是否良好？如果該項目是由多個研究者合作申請，他們之間的專業知識互補嗎？他們的領導方式、管理和組織形式等適合於該項目的展開嗎？

- **創新** 這項申請是否對現有的研究帶來了挑戰？該項目能夠透過使用新的理論概念、方法、儀器儀表和干預等方法，將當前的研究方法和臨床試驗的範例重新定義嗎？申請中提出的概念、方法、儀器儀表和干預是否具有創新性？有沒有重新定義？有沒有改進？
- **方法** 提出的全部策略、方法和分析能否在申請中提出的目標實現過程中產生重要作用？對於潛在的可能出現的問題以及可選擇性的策略和驗證，這些內容在申請中都講清楚了嗎？如果該項目是在進展的初期階段，提出的策略可行嗎？如果項目中出現風險能夠進行有效管理嗎？
- **環境** 申請者所處的工作環境是否有助於提高項目完成的機率？如果申請者所在機構給予支持，那麼設備和其他物理資源充足嗎？申請者所處的科研環境這一特點會給該項目帶來一些特別的幫助嗎？

與論文寫作相同，研究者在撰寫經費申請書時也會犯些典型的錯誤。這些錯誤有哪些呢？下面摘錄了一些評審意見，這些意見來自香港自然科學和工程研究基金會以及香港的大學教育資助委員會的審稿者。這裡的 PI 是指項目主要申請者(principle investigator)。讀者朋友請注意，以下列出的負面意見是多年來從許多申請書中總結出來的，僅供參考。

原創性

- 創新性不夠。
- 這只是「修修補補」的研究，沒有大的突破。
- 目標 1 沒什麼吸引力；目標 2 看似目標 3 的一部分。總地來

講，這個申請不具備新的想法。
- 這些目標，即使完成了，也沒什麼好令人激動的。

方法 (Methods)

- 任務 1 中提到了資料採集和分析，但這一步是如何做到的，描述得不夠清楚。
- 很難看出文中所提到的研究方法能夠對項目總體要完成的研究目標有什麼作用。
- 主要申請人 (PI) 需要將設計和方法寫得更清晰些。只有這樣，過程中描述的每一步、圖表和具體公式看起來才有用武之地。

可行性

- 主要申請者 (PI) 的學術紀錄對申請有很大的影響。主要申請者並沒有一個好的學術紀錄，因為他在相關領域裡沒有發表任何文章或專利。
- 這項申請去年就提交過，未獲批准。這次雖然增加了一些論點，但總體來講並不很令人信服。
- 主要申請人 (PI) 對申請中提到的研究領域的理解有限，而這個領域是完成目標 2 的關鍵，PI 應該邀請另外具有相關專業領域知識的研究者一同申請這個項目。
- 沒有提供初步結果來支持文中提到的主要假設。
- 這項工作並沒有建立在這個學科已有的研究工作基礎上。
- 這項申請的目標講述得過於寬泛。數目之多，以至於我懷疑這些目標無法在兩年內完成。

對學科可能的貢獻

- PI 沒有成功證明其所提出的方法可以超過任何已有方法，包括目前最好的方法。
- 申請者在申請中已說明對某一課題的理解對於項目來說至關重要，但沒有說清楚究竟對哪些群體至關重要及其原因。
- 我不認為這個申請裡提出的研究工作可以發表在任何主流刊物上。

其他

- 這項建議含混不清，我認為申請人並不清楚研究工作的重點和內容，許多基本概念和技術細節都表述得不清楚。
- 該提案有三個目標，但這些目標沒有一個總體聯繫，它們之間關係太鬆散。
- 對人力的估計很糟糕。
- 這項申請過於定性，實際上我們要求申請應該是定量的課題。
- 這份報告的資訊不充足，並沒有對香港現在及未來的經濟影響提供足夠的分析框架、理論基礎、模型規範、估計策略以及資料來源等。
- 我認為該申請當前的標題不能正確反映申請者的研究問題、研究方法、研究目標以及研究計劃。

8.3 技術轉讓

除了教學和科研外，教授的生活中還會有很多其他有意思的事情。比如，教授也會跟他的學生或同事一起發明一些對社

會有直接用途的技術或產品。每當這個時候，他們就會開始思考著如何將這些誕生於實驗室的技術和理念轉移到產業界和市場上去。技術轉讓就是指研究者把誕生於研究實驗室、會議或期刊論文中的知識運用到實踐中去的過程。

　　事實上，研究者可以在任何時間、任何地點進行技術轉讓。進行技術轉讓的研究者可以是研究生、博士後研究員、大學教授、就職於工業界的科研實驗室，如谷歌、微軟研究院、奇異公司、華為公司、輝瑞 (Pfizer) 製藥公司等的研究者。技術轉讓活動可能需要研究者花費很多時間，雖然可能因此減少了學術研究的時間，但不得不說，這是一個非常讓人有成就感的過程，尤其在看到某些研究思想和研究工作被社會上其他人所使用的時候，這種成就感會更加強烈。

　　一般來說，技術轉讓可以有多種方法。最簡單的辦法是授權 (licensing)，在法律諮詢顧問的幫助與指導下，可以與相關公司簽署協議，從而該公司便可以以一種有限方式使用該技術。如果要轉讓的技術是一款軟體，那麼在協議中需要明確說明轉讓的這款軟體包括什麼資料，不包括什麼資料。如果該軟體使用了其他人的一些軟體，而這些其他軟體也有相關的使用條款的限制，這時該怎麼辦？此外，如果軟體執行中斷了，又該怎麼辦？包括所有這一切的任一情況都要在協議中明確書寫。這就是為什麼通常需要法律專家來協助談判和起草許可協議的緣故。制定這些條款的過程漫長而繁瑣，幸運的是，許多大學和研究實驗室設有專門處理這些事務的辦事處，能夠代理研究者解決這方面的問題。在很多情況下，研究者很少或根本不需要支付任何相關費用，因為這種法律服務費用往往取自協

議商定費用的一定百分比，這也是協議的一部分內容。

　　讀者朋友，你有沒有閱讀過一些法律協議 (legal agreement)？說實話，當我們第一次閱讀法律協議時，例如技術轉讓的許可協議，當場就被相當陌生的術語和條款淹沒了。其實，即使發生這種情況，也大可不用擔心，因為從某種程度上來看，法律文件和一份研究論文很像。類似於研究論文，法律文件往往也是從高層次的定義開始，隨著閱讀的進行，你會發現這些定義的術語多次出現在隨後的文本中。法律條款就像一組帶有邏輯性的規則和聲明。雖然有律師在旁邊很有助益，但並不意味著研究者無須知道任何相關事宜。相反地，研究者也需要確保這些聲明是一致的，覆蓋範圍是適當的，而且要懂得運用邏輯推理。

　　協議中，一個重要方面是關於所轉讓產品的使用條款。這個條款可以在地理上增加限制 (如亞洲或歐洲市場)，或者在時間上加以限制 (如 N 年的使用期限)。經常會發生一些極端情況，研究者可能會同意轉讓產品所有的權限給授權公司，有一個專門術語用以表示這種情況：「獨占使用」(exclusive use)，即禁止將相同的技術轉讓給任何第三方，從本質上防止該公司的競爭對手有機會獲得相同的技術。在這種情況下，研究者獲取的好處通常比非排他性使用條款要多。

　　申請專利是另一種技術轉讓手段。專利是對一項新發明的聲明，這項發明可以是一個新的處理過程或一種新的產品設計，聲明中會向申請者賦予這項發明的某些權利。如果研究者想要申請專利，那麼這一過程幾乎和做研究是相同的。首先，研究者應該用最簡單、最明確的語言定義申請專利的想法。其

次，研究者需要做大量文獻檢索工作，以證明其他類似的想法或技術與其提出的創新性想法或技術具有不同之處，這就像寫學術論文或是博士論文的相關工作總結一樣。通常情況下，會有專利資料庫供申請者查詢，大大簡化了文獻檢索的過程，使用專利資料庫有時需要支付額外費用，但現在很多我們所使用的搜索引擎也能提供免費的專利搜索服務。

與一篇研究論文類似，專利申請書也要引用很多其他研究論文。除此之外，研究者應該在申請書中對創新性想法給予充分而詳細的描述，比方說，這一想法在實踐中如何使用等。在撰寫申請書的過程中，會有專利律師的協助，他們會幫助研究者審核申請書。申請專利的時間較長，一般需要兩年，申請費用從數千到數萬美元不等。當對一個想法申請專利時，一定要確保目前沒有其他發表的文章採用了該想法。在專利被批准之前，研究者往往不能將此想法發表到任何期刊或會議的研究論文上。然而，有時也會發生這樣的情況，在專利申請過程中，有些具有相同想法的研究論文也正在處於評審階段，這時研究者應向律師諮詢如何應對。

我們在本書中曾向讀者朋友講述過，研究者同時會擔任很多職務，其中可能包括某些公司的職位。有時候，研究者也會花一定的時間來為公司工作。在這種情況下，稱該研究者正在替某公司做諮詢。通常情況下，大學鼓勵在職研究者做些類似的諮詢工作。舉個例子，在美國、加拿大和香港地區，很多大學允許教員每週花一天時間到其他公司做諮詢工作。但是，諮詢活動差異很大，因人而異。有一種可能的情況是這樣，教員可能要對他所在的公司的工作人員提出的一些問題進行解答。

還有一些情況，教員會到公司裡去工作一天，就像該公司的僱員一樣。

技術轉讓的所有方法中，最複雜的但也最有意義的就是「創辦一家孵化公司」(spinning-off a company)。讀者朋友應該聽說過很多成功的創業公司的傳奇吧？其實很多有名的創業公司是這樣創建的，如谷歌，當年就是由兩位在校博士生創建的。這兩位博士生在學校發明了一種稱做 PageRank 的搜索技術，後來谷歌成為家喻戶曉的網站。

研究者，包括教授和學生，如果有好的想法，想要創建公司，大學往往會給這些人開綠燈，讓他們以「停薪休假」(leave of absence, or no-pay leave) 的方式放下學校的工作去創業。「停薪休假」這個術語是指允許一名職員離開大學一段時間，通常為一年或兩年，這段期間內大學不支付該職員工資，但保留其在學校的職位。這就是為什麼研究者需要找到一筆資金用以支持他創建公司的原因。

孵化公司的創建不一定非要有大學教員的參與。在我們列舉的三個博士生的例子中，博士生 C 想在大學技術轉讓辦公室的幫助下創建自己的孵化公司，他的指導老師和一些工業界的合作夥伴會擔任這個公司的指導角色。具體來說，博士生 C 發現他的新算法要比目前應用在電子商務領域中的算法效率都高，為此他決定創建一個孵化公司將該算法商業化。和指導老師商量之後，他和他的指導老師可能決定「停薪休假」一段時間，開始制定商業計畫和營銷策略，希望將他的算法擴展到更多的工業應用。因為這位博士生 C 在此之前已成功地對他以前提出的算法申請了專利，這對於他籌備資金會有很大的幫

助。風險投資公司可能因此而決定投資的機率會很大,並將持有部分公司股份。此外,風險投資公司擁有強大人脈資源,博士生 C 可以從這些人脈資源中為公司選擇業務發展人員,如首席執行長 (CEO) 或首席財務長 (CFO) 等。而博士生 C 本人可擔任首席技術執行長 (CTO),進一步在產品開發中展示其技術才能。

讀者朋友,我們相信你也聽過不少創業失敗的故事。創辦公司是很艱苦的,某些情況下我們往往不瞭解創業者背後的故事,不管是成功者還是失敗者。我們所看到的只是他們那些擁有光鮮職位的名頭,首席執行長 (CEO)、首席財務長 (CFO)、首席技術長 (CTO) 等。事實上,我們看不到他們在決定創立孵化公司之前需要慎重考慮的多種因素,因為創立孵化公司是所有技術轉讓方法中風險最高的。

寫好商業計劃書是尋找風險投資支持的必不可少的一步,也是第一步。在寫商業計劃時,首先一點也是最重要的一點,研究者應該深入描述商業目標,詳細刻畫之,只有這樣,才能讓投資各方充分相信這項新技術是一塊尚未開發的市場,潛力無比。讀到這裡,讀者朋友可能又會聯想到書寫研究論文時如何說服評審者的相關內容了吧?是的,這個過程非常類似於在研究論文中向評審者描述研究動機。除此之外,書寫商業計劃的過程也類似於書寫研究論文的引言部分 (詳見第 6 章)。當然,最重要的前提是研究者本人應該相信此項商業計劃的市場前景。

接下來的第二步,研究者應該做足相關的文獻檢索工作,就像寫研究論文的相關工作一樣,要向投資者充分說明自己的

計劃有著豐厚的市場利潤，並且很少存在有類似想法的競爭對手來瓜分這塊「蛋糕」。在這個過程中，研究者需要進行詳細地論證和分析，因此文獻檢索工作一定要仔細和徹底。

隨後第三步，研究者要在商業計劃書中討論技術方法和其商業模式，需要在這部分內容中讓投資者相信這家公司如何在扣除成本之後，透過銷售產品贏取利潤，從而在市場上生存下來，站穩腳跟。公司有很多種運作方法，從為產品建立服務和銷售渠道來獲得更多的客戶，到與其他公司結成戰略聯盟促進互利，達到雙贏。不過，請讀者朋友注意，在商業計劃書中，技術的說明部分是必需的，而且這部分也和撰寫研究論文類似。然而，不同點在於，技術方法的描述在商業計劃中只占一小部分篇幅，更多的篇幅需要放在有力地分析市場和競爭對手比較方面。據概略估計，技術描述部分僅占整個業務構建過程中的 5%～10%。看似技術的部分對整個商業計劃的貢獻量很小，但是從這麼多成功的例子中，我們可以看到如此這般的小份額卻能帶來巨大的收益。

既然是創建公司，那麼必定會涉及管理方面的考慮。在這一點上，研究者要用管理者的思考模式運作公司。因為公司的運作離不開專家之間的溝通與協調，從某種意義上來看，這支由專家組成的團隊也稱為「管理團隊」。團隊中不僅包括研究者，而且還需要具有豐富管理經驗的首席執行長 (CEO)、由財務和會計專家擔任的首席財務長 (CFO) 和首席資訊長 (CIO) 等專家。對於孵化公司而言，這樣的一支團隊才是公司最重要的組成部分。正因為其作用如此之大，風險投資公司有時會委派其他有經驗的人加入該團隊。隨之，研究者將看到自己的股份

收縮,但其實公司作為一個整體,這塊「蛋糕」會變得更大。因此,在許多情況下這對公司來說是有利的。在與這些專家的合作之下,研究者將進一步完善孵化公司的財務計劃和營銷策略。

讀者朋友,經過上面的內容你會發現,在創辦公司的過程中尋找資金是個很棘手的問題。其實,除此之外,知識產權歸屬問題也是一個棘手的問題。知識產權歸屬涉及技術內容的歸屬問題,也就是說該項技術應當屬於誰,並且要聲明該技術從未被其他人提出過。在一些大學和研究實驗室,大學對任何在學校管轄範圍內產生的技術都擁有部分知識產權。當創建公司時,站在法律的角度,大學可以要求獲得部分股份。在這種情況下,研究者應該儘早與公司商討。只有這樣,在公司創立的初期,大學或研究實驗室才有義務承擔部分成本,比方說,提供辦公地點、辦公設備以及其他法律服務等。

8.4　結束語

在本書中,我們系統地討論了如何做研究——從樹立研究目標,尋找研究想法,閱讀和評判論文,制定研究計劃,撰寫發表研究論文,到書寫自己的博士論文。在本書的最後,我們向讀者描述了獲得博士學位以後的生活。希望透過本書列舉的例子,神秘的研究者生活已經對你不再神秘,希望年輕有抱負的學生能藉由書中的這些經驗和教訓為自己設定正確的目標,而一些研究新手能夠參考這些經驗,在自己的事業中少走彎路。我們兩位作者希望這本書可以對學生和入門不久的科研人員的研究之路產生一些指導作用,幫助他們建立自己的研究事

業。

　　事實上,如果掌握了如何正確做研究的秘訣,就會發現研究的過程充滿了冒險和樂趣。作為研究者,我們享受於這樣的研究生活。我們希望你也是一樣!

　　讀者朋友,非常感謝你閱讀本書。時間雖然看不見,摸不著,卻也固執而頑強地向前走,並沒有什麼力量能夠挽回或者阻擋它。時間最大的美德就是民主和公平:時間對每個人的分配都一視同仁,再貴重的錶,一分鐘也不會是 61 秒。我們認為,有了正確的方向、決心和方法,每個人都可成為科學家。就像北京奧運會的會歌所唱的那樣:「有夢想誰都了不起,有勇氣就會有奇蹟!」我們真心希望讀者朋友閱讀本書所花費的時間,能夠換來您對科學研究工作的全新認識,對研究問題的新啟迪,並經過您紮實的規劃,使您能夠有一個美好的未來。

國家圖書館出版品預行編目資料

學術研究：你的成功之道 / 凌曉峰, 楊強著. – 初版. -- 臺北市：新月圖書，民 102.05
256 面；15x21 公分
ISBN 978-986-88913-1-9（平裝）
 1. 社會科學 2. 研究方法 3. 論文寫作法
501.2　　　　　　　　　　　　102008447

《本書中文繁體字版由清華大學出版社獨家授權，僅限於臺灣地區出版》

學術研究：你的成功之道

著　者	凌曉峰　・楊強
發 行 人	卓劉慶弟
出 版 者	新月圖書股份有限公司
	臺北市重慶南路一段一四三號三樓
	電話：(02)2311-4027
	傳真：(02)2311-6615
	郵撥：10775738
	網址：http://www.tunghua.com.tw
出版日期	中華民國一〇二年五月　初版第一次印刷
Ｉ Ｓ Ｂ Ｎ	978-986-88913-1-9
直營門市 1	臺北市重慶南路一段七十七號一樓
	電　話：（02）2371-9311
直營門市 2	臺北市重慶南路一段一四七號一樓
	電　話：（02）2382-1762

版權所有　・　翻印必究